VIVENDO A SINODALIDADE NA IGREJA

Pe. Ferdinando Mancilio, C.Ss.R.

VIVENDO A SINODALIDADE NA IGREJA

Subsídio pastoral para reflexão e formação nas comunidades

EDITORA
SANTUÁRIO

Coordenação editorial: Ana Lúcia de Castro Leite
Copidesque: Sofia Machado
Revisão: Luana Galvão
Diagramação e capa: Bruno Olivoto

Dados Internacionais de Catalogação na Publicação (CIP)
de acordo com ISBD

M269v Mancilio, Ferdinando

Vivendo a sinodalidade na Igreja: subsídio pastoral para reflexão e formação nas comunidades / Ferdinando Mancilio. - Aparecida : Editora Santuário, 2022.

88 p. ; 14cm x 21cm.

Inclui índice.

ISBN: 978-65-5527-173-7

1. Religião. 2. Cristianismo. 3. Sinodalidade na Igreja. 4. Reflexão. 5. Formação. I. Título.

2022-234 CDD 240
CDU 24

Elaborado por Vagner Rodolfo da Silva - CRB-8/9410

Índice para catálogo sistemático:
1. Religião : Cristianismo 240
2. Religião : Cristianismo 24

2ª impressão

Rua Pe. Claro Monteiro, 342 – 12570-000 – Aparecida-SP
Tel.: 12 3104-2000 – Televendas: 0800 0 16 00 04
www.editorasantuario.com.br
vendas@editorasantuario.com.br

SUMÁRIO

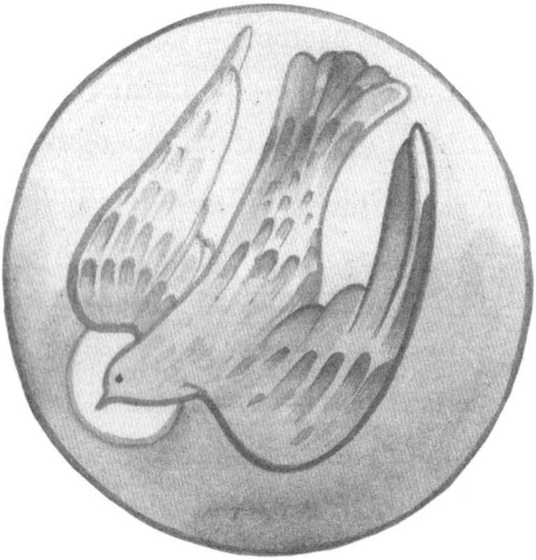

APRESENTANDO...

O Sínodo, convocado pelo papa Francisco, é verdadeiro *ruah* divino – sopro, vento – para toda a Igreja. Esse olhar profícuo de quem realmente é Pastor aos moldes do Bom Pastor, o Cristo Jesus, traz-nos a imensa alegria de viver esse Pentecostes na Igreja de agora. É graça divina viver esse Sínodo que *ocorrerá* de 2021 até 2023, quando estarão reunidos, em Roma, bispos e cristãos, para apresentarem o que foi pensado, refletido, rezado nas comunidades, paróquias e dioceses. Assim viveremos agora o que era comum nas Primeiras Comunidades cristãs, no 1º Século da Igreja.

Portanto esse acontecimento é *motivo* de agradecimento a Deus, que, por intermédio de seus fiéis colaboradores, nos faz viver uma Igreja-Comunhão em tempos de Modernidade e de um mundo que deseja respostas mais profundas e precisas.

Este pequeno subsídio reflexivo-pastoral da Editora Santuário tem o desejo de colaborar com as comunidades em sua reflexão, nessa caminhada sinodal. Não traz reflexões acadêmicas, mas pastorais, pois este é o desejo subjacente em sua redação: ajudar a

Comunidade a pensar sua pertença eclesial, às vezes esquecida ou, até mesmo, nem citada pelos orientadores e pregadores. Pertencer à Igreja é algo sublime e intransferível.

Aqui não refletiremos especificamente a "*Lumen Gentium*" (Luz dos povos, das nações) – Exortação Apostólica do Concílio Vaticano II que traz todo o sentido de Igreja povo de Deus. Mas você pode buscá-lo no Compêndio do Vaticano II e se enriquecer com tão belo ensinamento. Por sinal, o capítulo 8 desse Documento trata especialmente de Maria, como Mãe do povo de Deus.

Tomando o Compêndio do Vaticano II e nele a Constituição Pastoral *Gaudium et Spes (A Igreja no mundo de hoje)*, somos conduzidos para o belo universo das relações humanas. As *alegrias, as esperanças e as labutas do homem e da mulher no mundo, hoje,* encontram ali uma fonte bela de reflexão tanto pessoal *quanto* comunitária. Essa Constituição Pastoral *Gaudium et Spes* precisa ser resgatada e refletida entre nós, e até com urgência, diante das realidades contemporâneas. Pensar, meditar, compreender são passos necessários para quem deseja viver intensamente sua humanidade, carregada de fé e de esperança. Fazer-se humano para viver autenticamente a fé, assim fez Jesus. *Portanto, embora seja aqui apenas uma lembrança desse tão nobre documento do Concílio Vaticano II, devemos despertar nosso interesse por ele, pois tem sua grande contribuição para nosso tempo e para o Sínodo que já estamos vivendo.* Sim, ele responde, e muito, às realidades culturais da Modernidade que estamos vivendo.

Este livro está assim organizado:

— Uma reflexão para cada tema proposto.

— Um pequeno momento orante, iluminado pela Palavra de Deus.

— Trará sempre a seguinte questão: O que você achou mais bonito nesse texto bíblico que ouvimos? Essa pergunta se repetirá em cada Momento Orante, pois há sempre uma beleza em cada texto bíblico, que precisamos contemplar com os olhos e o coração. Também porque esse momento é para rezarmos, agradecidos pelo bem que estamos vivendo na Igreja.

É nossa esperança e nosso desejo que esse pequeníssimo subsídio seja favorável, benéfico e ajude nossas Comunidades eclesiais em sua meditação e caminhada sinodal. Maria, Mãe da Igreja, faça-nos florescer e reflorescer como Igreja sinodal, comprometida, viva, cheia de esperança e de anúncio profético. Em Cristo, Maria e José, Afonso, Geraldo e Clemente, missionários da copiosa redenção. Amém.

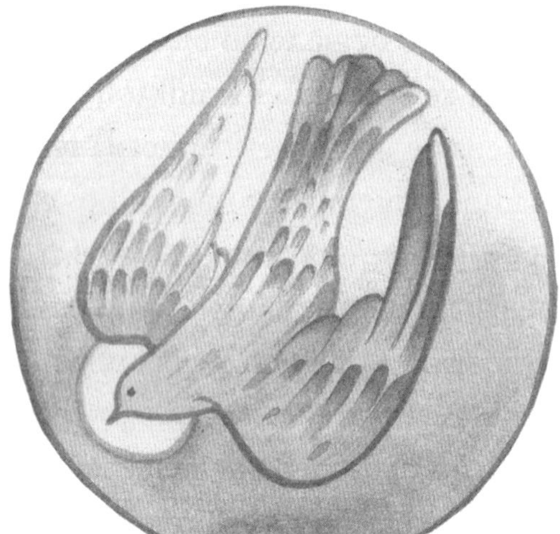

VIVENDO O SÍNODO NA IGREJA DE CRISTO

ORAÇÃO PARA O SÍNODO

Aqui estamos, diante de vós, Espírito Santo: estamos todos reunidos no vosso nome.
Vinde a nós, assisti-nos, descei aos nossos corações.
Ensinai-nos o que devemos fazer, mostrai-nos o caminho a seguir, todos juntos.
Não permitais que a justiça seja lesada por nós pecadores, que a ignorância nos desvie do caminho, nem as simpatias humanas nos tornem parciais, para que sejamos um em vós e nunca nos separemos da verdade.
Nós vo-lo pedimos que, sempre e em toda a parte, agis em comunhão com o Pai e o Filho pelos séculos dos séculos. Amém.

Papa Francisco, homem apostólico e alicerçado no Concílio Vaticano II, abre uma consulta nunca antes vista na história da Igreja, pedindo a participação de todos os cristãos nesse processo eclesiológico. Seu desejo é que todos os católicos do mundo – cerca de 1,3 bilhão –, ou sua imensa maioria, deem sua contribuição para que a Igreja seja, de fato, um Corpo unido e fraterno, carregado de amor pelo Cristo, Cabeça da Igreja.

Nosso papa Francisco deseja que o futuro da Igreja seja marcado por essa participação pertinente e fundamental na história do povo de Deus. As Primeiras Comunidades cristãs assim realizavam e organizavam sua vida, no encontro fraterno, na decisão comum e encaminhavam as dificuldades evangelizadoras daquela hora. Então nascia toda ação missionária e era levada com rigor e vigor. Basta lermos atentamente os Atos dos Apóstolos para nós mesmos chegarmos a essa conclusão.

Esse é o desejo de Francisco, como autêntico e fiel Vigário de Cristo e aquele que ocupa a Cátedra de Pedro. Volta seu olhar para as Primeiras Comunidades cristãs, para o modo de ser e de agir das Primeiras Comunidades Apostólicas, porém tem em mãos todas as decisões e determinações do Vaticano II, cujos intentos Francisco está a dinamizar.

Essa iniciativa é sopro, o Ruah divino – ventania – a incidir sobre a Igreja hoje, quando o futuro da Igreja é colocado nas mãos dos cristãos católicos, das Comunidades, Dioceses e, por fim, no Sínodo, a realizar-se no ano de 2023.

Assim, cabe refletirmos, como cristãos católicos e de Comunidade, sobre esse sinal dos tempos que somos capazes de compreender intensamente: A Igreja-Comunhão pela participação e pelo compromisso com o Reino de Deus. Negligenciar esse sinal vivo aqui e agora é recusar a própria fé, pois somos um Corpo e, como tal, devemos viver. Separar-se do corpo é aniquilar-se!

Voltemos nossa prece, nosso coração e nossa atenção de fé a este momento em que vivemos e participamos do Sínodo da Igreja, de 2021 a 2023.

O que é um sínodo?

A palavra sínodo é uma palavra forte e muito importante. Por isso é preciso compreendê-la bem, dada sua importância e sua riqueza linguística. Nossa vida é expressa por palavras que vão nos dando sentido, fazendo-nos compreender os fatos, os acontecimentos e nossa própria interioridade. A palavra é essencial na comunicação, por isso é preciso entender seu sentido, para que tudo o que fizermos tenha fundamento e significado.

SÍNODO = reunião ou conselho — synodos. O Sínodo é também um "**caminho**" — hodós = caminho. Em latim se diz **synodus**. Por isso só é possível ser uma Igreja Sinodal, se fizermos juntos o caminho. "CAMINHAR JUNTOS" é a palavra de ordem na Igreja-Comunhão.

Assim já nos vem o entendimento de que **sínodo é um caminho que deve ser feito** (não está pronto) por meio do encontro, da reunião, do conselho, da escuta, da comunhão ou decisão comum.

Quando escutamos a palavra **sinodalidade** deve ecoar dentro de nós o espírito de comunhão, de encontro, de busca do caminho que se deve fazer como Igreja, dentro do tempo e da história em que vivemos.

A grandeza do cristão está na vida de comunhão e não em outros apelos grupais ou com certas tendências de se buscar no passado uma forma de viver a fé hoje. Os tempos mudam, e a fé toma formas novas. Permanecerá seu real sentido, mas seu modo de se expressar ou manifestar deve adequar-se à realidade em que vivemos. Por exemplo: hoje as redes sociais estão altamente difundidas e disseminam todo tipo de ideias, de pensamentos, e cada qual tem seu objetivo. E os cristãos, como se comportam diante dessa realidade? Negá-la é impossível, mas adequar-se de modo adulto e maduro é possível, manifestando assim nossa fé em Cristo, o Senhor da história ontem e hoje.

Portanto um Sínodo é uma atitude profundamente eclesial e temporal, pois vai buscar a realidade em que vivemos e, em comunhão, propor aos cristãos um modo de viver a fé em Cristo no hoje de nossa história.

Ter medo de mudar ou querer agarrar-se a fórmulas já superadas não nos deixa progredir como cristãos.

Veremos, no decorrer do texto, que as Primeiras Comunidades cristãs assim viveram, em comunhão e no diálogo da fé, souberam resolver questões conflitantes, *por exemplo,* entre os novos cristãos e os pagãos que se voltavam para a fé cristã.

Sínodo é caminho, e caminho nunca está pronto, pois caminho se faz caminhando.

O que o Synodos espera de nós?

Que "CAMINHEMOS JUNTOS!" – Que jamais caminhemos sozinhos!

O documento da Igreja – **Vade Mecum ("Vai comigo")** – é importantíssimo em todo o processo sinodal da Igreja, esse vento novo do Espírito de Deus, que vem soprar sobre nossa humanidade. Por isso o cristão, ou a Comunidade, ou a Paróquia-Diocese pode e deve tê-lo em mãos quando se tratar de refletir sobre o Sínodo da Igreja.

É um CAMINHAR JUNTOS, pois querer caminhar sozinho é atitude antissinodal. "CAMINHAR JUNTOS" é mais exigente, porém muito mais profundos e duradouros serão os frutos. Podemos dizer que "CAMINHAR JUNTOS" é palavra indispensável e incondicional na boca e no coração do cristão. Sejamos uma Igreja viva, sem ranço de poder, impregnada de SERVIÇO, TESTEMUNHO, COMUNHÃO e PROFECIA.

Eis **TRÊS PALAVRAS-CHAVE** para vivermos intensamente o processo sinodal: **COMUNHÃO – PARTICIPAÇÃO – MISSÃO.**

O tema do Sínodo é "**Para uma Igreja Sinodal: Comunhão, Participação e Missão**". As três dimensões do tema são **comunhão**, **participação** e **missão**. Essas três dimensões estão profundamente interrelacionadas. Elas são os pilares vitais de uma Igreja sinodal. Não há hierarquia entre elas. Pelo contrário, cada uma enriquece e orienta as outras duas. Há uma relação dinâmica entre as três que deve ser articulada tendo em conta as três em conjunto.

→ **COMUNHÃO**: Pela sua graciosa vontade, Deus reúne-nos como povos diversos de uma só fé, por meio da aliança que oferece ao seu povo. A comunhão que partilhamos encontra as suas raízes mais profundas no amor e na unidade da Trindade. É Cristo que nos reconcilia com o Pai e nos une uns aos outros no Espírito Santo. Juntos, somos inspirados pela escuta da Palavra de Deus, através da Tradição viva da Igreja, e com base no *sensus fidei* que partilhamos. Todos temos um papel a desempenhar no discernimento e na vivência do chamamento que Deus faz ao seu povo.

→ **PARTICIPAÇÃO**: Um chamamento ao envolvimento de todos os que pertencem ao Povo de Deus – leigos, consagrados e ministros ordenados – para se empenharem no exercício de uma escuta profunda e respeitosa uns dos outros. Esta escuta cria espaço para ouvirmos juntos o Espírito Santo e guia as nossas aspirações para a Igreja do Terceiro Milênio. "A participação fundamenta-se no fato de que todos os fiéis estão capacitados e são chamados a colocar ao serviço uns dos outros os dons que cada um recebeu do Espírito Santo. [...] Na Igreja sinodal, toda a comunidade, na livre e rica diversidade dos seus membros, é convocada para *rezar, escutar, analisar, dialogar, discernir e aconselhar na hora de tomar as decisões pastorais* mais de acordo com a vontade de Deus". É preciso esforçar-se genuinamente por assegurar a inclusão das pessoas marginalizadas ou que se sentem excluídas.

→ **MISSÃO**: A Igreja existe para evangelizar. Nunca podemos estar centrados em nós mesmos. A nossa missão é testemunhar o amor de Deus no meio de toda a família humana. Esse Processo Sinodal tem uma dimensão profundamente missionária. Destina-se a deixar que a Igreja testemunhe melhor o Evangelho, especialmente com aqueles que vivem nas periferias espirituais, sociais, econômicas, políticas, geográficas e existenciais do nosso mundo. Desse modo, a sinodalidade é um caminho pelo qual a Igreja pode cumprir mais frutuosamente a sua missão de evangelização no mundo, como fermento ao serviço da vinda do Reino de Deus.

Atitudes para participar no processo sinodal

Também nossas ATITUDES serão essenciais, muito importantes para que tornemos este momento sublime na Igreja o Sínodo o mais honroso dos tempos de agora. É a raiz do Vaticano II germinando seus frutos entre nós.

As atitudes que se seguem são particulares que permitem uma escuta e um diálogo genuínos, na nossa participação no Processo Sinodal.

- **Ser sinodal requer tempo para a partilha**: Somos convidados a falar com coragem e honestidade autênticas *(parrhesia)*, a fim de integrar a *liberdade*, a *verdade* e a *caridade*. Todos podem crescer em compreensão por meio do diálogo.

- **A humildade de escutar deve corresponder à coragem de falar:** Todos têm o direito de ser ouvido, tal como todos têm o direito de falar. O diálogo sinodal depende da coragem tanto para falar como para escutar. Não se trata de entrar em debate para convencer os outros. Trata-se, antes, de acolher o que os outros dizem como um modo por meio do qual o Espírito Santo pode falar para o bem de todos (*1Cor* 12,7).

- **O diálogo conduz-nos à novidade:** Temos de estar dispostos a mudar as nossas opiniões com base no que ouvimos dos outros.

- **Abertura à conversão e à mudança:** Muitas vezes podemos oferecer resistência ao que o Espírito Santo está a tentar inspirar-nos a realizar. Somos chamados a abandonar atitudes de complacência e de conforto, que nos levam a tomar decisões com base apenas na forma como se fazia no passado.

- **Os Sínodos são um exercício eclesial de discernimento:** O discernimento baseia-se na convicção de que Deus age no mundo e de que nós somos chamados a escutar o que o Espírito nos sugere.

- **Somos sinais de uma Igreja que escuta e caminha:** Ao escutar, a Igreja segue o exemplo do próprio Deus, que escuta o grito do seu povo. O Processo Sinodal dá-nos a oportunidade de nos abrirmos à escuta de forma autêntica, sem recorrer a respostas prontas ou a julgamentos pré-formulados.

• **Deixar para trás preconceitos e estereótipos:** Podemos sentir o peso das nossas fraquezas e do nosso pecado. O primeiro passo para escutar é libertar a nossa mente e o nosso coração dos preconceitos e estereótipos que nos levam por caminhos errados, conduzindo-nos à ignorância e à divisão.

• **Vencer o flagelo do clericalismo:** A Igreja é o Corpo de Cristo, cheia de diferentes carismas, em que cada membro tem um papel único a desempenhar. Todos dependemos uns dos outros e todos temos a mesma dignidade no seio do Povo santo de Deus. À imagem de Cristo, o verdadeiro poder é o serviço. A sinodalidade exige que os pastores escutem atentamente o rebanho confiado aos seus cuidados, tal como requer que os leigos exprimam os seus pontos de vista com liberdade e honestidade. Todos se escutam uns aos outros por amor, num espírito de comunhão e da nossa missão comum. Desta forma, o poder do Espírito Santo manifesta-se de múltiplas maneiras em todo o Povo de Deus e por meio dele.

• **Curar o vírus da autossuficiência**: Estamos todos no mesmo barco. Juntos formamos o Corpo de Cristo. Pondo de lado a miragem da autossuficiência, podemos aprender uns com os outros, caminhar juntos e estar uns ao serviço dos outros. Podemos construir pontes mais que muros que por vezes ameaçam separar-nos: idade, sexo, riqueza, capacidade, educação etc.

• **Derrotar as ideologias**: Devemos evitar o risco de dar mais importância às ideias do que à realidade da vida de fé que as pessoas vivem em concreto.

• **Dar origem à esperança**: Fazer o que está certo e é verdadeiro não tem por finalidade chamar a atenção ou fazer manchetes; o objetivo é ser fiel a Deus e servir o seu Povo. Somos chamados a ser faróis de esperança, não profetas da desgraça.

• **Os Sínodos são um tempo para sonhar e "gastar tempo com o futuro"**: Somos encorajados a criar um processo local que inspire as pessoas, sem excluir ninguém, a criar uma visão do futuro cheia da alegria do Evangelho.

As seguintes disposições ajudarão os participantes (cf. *Christus Vivit*): – **Uma perspetiva inovadora**: "Encontrar caminhos sempre novos com criatividade e audácia" (*CV* 203).

– **Ser inclusivo**: "Uma Igreja participativa e corresponsável, capaz de valorizar a riqueza da variedade que a compõe" (*CV* 206), abraça todos aqueles que, muitas vezes, esquecemos ou ignoramos.

– **Uma mente aberta**: Evitemos rótulos ideológicos e utilizemos todas as metodologias que tenham dado bons resultados (cf. *CV* 205).

– **Ouvir todos e cada um**: "Aprendendo uns com os outros, poderemos refletir melhor sobre esse poliedro maravilhoso que deve ser a Igreja de Jesus Cristo" (*CV* 207).

– **Uma compreensão de "caminhar juntos"**: Percorrer o caminho que Deus chama a Igreja a fazer para o terceiro milênio.

– **Compreender o conceito de uma Igreja corresponsável**: Valorizar e envolver o papel e a vocação únicos de cada membro do Corpo de Cristo, em ordem à renovação e à edificação de toda a Igreja (cf. *CV* 206-207).

– **Aproximação por meio do diálogo ecumênico e inter-religioso**: Sonhar juntos e caminhar uns com os outros por meio de toda a família humana (cf. *CV* 172; 235).

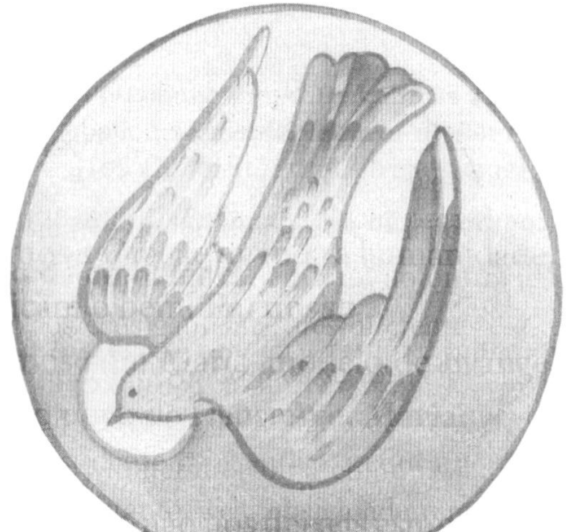

1
AS PRIMEIRAS COMUNIDADES CRISTÃS

A Igreja nascente, Primeiras Comunidades cristãs que se firmavam no primeiro século, experimentava intensamente esse espírito de comunhão, de escuta, de trazer a realidade presente para o discernimento comum. Atitude exigente, mas realmente eclesial. Igreja é comunhão e não imposição de desejos pessoais ou grupais.

A Igreja nascente era:

— "Perseverante na doutrina dos apóstolos, na vida em comunidade, na fração do pão (designa a Eucaristia) e nas orações. Estavam juntos na mesma fé e tinham tudo em comum. Vendiam os bens e distribuíam o dinheiro entre todos, conforme cada um precisava" (At 2,42-45).

— "A multidão dos que abraçaram a fé tinha um só coração e uma só alma; ninguém considerava como suas as coisas que possuía, mas tinha tudo em comum" (At 4,32).

— "Então os Doze convocaram a assembleia dos discípulos e disseram: "Não convém deixarmos de pregar a Palavra de Deus para servir às mesas. Escolheram Estêvão, homem cheio de fé e do Espírito Santo; Filipe, Prócoro, Nicanor, Timão, Pármenas e Nicolau, prosélito de Antioquia. Esses foram apresentados aos Apóstolos que, depois de rezarem, impuseram-lhes as mãos" (At 6,2-6).

— "Paulo e Barnabé e mais alguns deles subiram a Jerusalém, para consultar (conselho, reunião) os apóstolos e os anciãos... Chegados a Jerusalém, foram acolhidos pela Igreja e narraram tudo quanto Deus havia realizado..." (At 15,1-21) — Este foi o Sínodo de Jerusalém pela metade do século.

Quanta beleza vemos realizar-se na Igreja primitiva, ou seja, na Igreja nascente, quando os primeiros cristãos se reuniam com os Apóstolos e levavam adiante o mandato de Jesus: "*Ide pelo mundo inteiro e anunciai*" (Mt 28,19-20). Há uma alegria contagiante nos Primeiros Discípulos. Eles estão completamente dispostos a anunciar a verdade de Cristo, mesmo diante das adversidades e perseguições. Não desistem, pois estão plenamente convencidos de que o Evangelho de Cristo é o caminho que devemos seguir, sem nos afrouxar, jamais.

Desde então, bem sabemos que somos todos chamados para sermos uma Igreja viva, comprometida, participativa. Nossa vocação é para ser povo de Deus, cheio de audácia, sem medo dos desafios. A Igreja primeva vivia nesse espírito audaz, e a realidade daquela hora era muito mais exigente que a hora de agora.

Quando podemos ser uma Igreja assim: viva, presente, atuante? Somos a Igreja de agora com as raízes fundadas na Igreja primitiva, pois é vivendo em Comunidade que nos tornamos missionários, missionárias, tornamo-nos Igreja viva, presente, encarnada na realidade, como o fora a Igreja primeira.

O que o Sínodo espera dos cristãos da Modernidade, dos tempos de "redes sociais", de polarizações e de individualismos exacerbados? Espera que sejamos uma IGREJA-COMUNHÃO, uma Igreja de braços abertos e prontos para acolher e dar uma palavra às muitas adversidades presentes em nosso tempo. Podemos ficar com medo dessa realidade e buscar refúgio em formas e fórmulas inadequadas para o agora de nosso tempo? Por esse caminho certamente não chegamos a lugar nenhum, pois impede um diálogo aberto, sincero e respeitoso.

Nosso tempo exige diálogo, encontro e até conflito, pois, se ele está presente, vamos para o confronto (contra-argumento) e encontro. Esse é o caminho de uma Igreja vivaz, presente no tempo e que não tem medo de dialogar. Sem diálogo não chegamos a lugar algum. Tudo o que realizarmos dentro de uma Pastoral paroquial, comunitária ou social, esse escopo dialogal não pode faltar, deve ter seu lugar. A Pastoral não é para uma manutenção, mas exatamente o contrário, para nos firmar como verdadeiro povo de Deus, vivendo o Batismo e fazendo essa Igreja tão viva e tão presente. Não se trata jamais de ritualismos, mas de encontro, acolhimento, diálogo, defesa dos bens inalienáveis do Reino e da vivência humana entre nós, entre povos e nações.

A *Lumen Gentium* ("Luz dos povos"), constituição dogmática do Concílio Vaticano II, como também o Documento de Aparecida (CELAM, 2007, Aparecida SP), para nos lembrarmos apenas dois importantes documentos que nos orientam, apontam-nos exatamente na direção de uma Igreja dialogante e acolhedora, uma Igreja de braços abertos.

Bem assim nos diz o "Documento de Aparecida" no n. 155-156:

> O mistério da Trindade é a fonte, o modelo e a meta do mistério da Igreja: "um povo reunido pela unidade do Pai do Filho e do Espírito", chamado em Cristo "como sacramento ou sinal e instrumento da íntima união com Deus e da unidade de todo o gênero humano". A comunhão dos fiéis e das Igrejas locais do Povo de Deus se sustenta na comunhão com a Trindade. A vocação ao discipulado missionário é "con-vocação" à comunhão em sua Igreja. Não há discipulado sem comunhão. Diante da tentação, muito presente na cultura atual de ser cristãos sem Igreja e das novas buscas espirituais individualistas, afirmamos que a fé em Jesus Cristo nos chegou por meio da comunidade eclesial... A fé nos liberta do isolamento do eu, porque nos conduz à comunhão". Isso significa que uma dimensão constitutiva do acontecimento cristão é o fato de pertencer a uma Comunidade concreta na qual podemos viver uma experiência permanente de discipulado e de comunhão com os sucessores dos Apóstolos e com o Papa".

É preciso, pois, despertamo-nos para esse momento tão sublime do *Synodos* lançado pelo papa Francisco. Ele soube entender por qual caminho deve a Igreja seguir, concretizando as orientações e decisões do Concílio Vaticano II. Rejeitar essa proposta é rejeitar a ação do Espírito Santo, pois ela é uma ação-decisão da Igreja. O Papa tem o poder de tomar essa decisão como Vigário de Cristo e como aquele que ocupa o lugar de Pedro – portanto é nesse sinal, sinal dos tempos eclesiológicos de agora, que vamos fazer o discernimento de qual é a vontade de Deus, para continuarmos a instaurar e viver a presença de seu Reino. Opor-se a essa verdade é opor-se ao próprio Deus e àqueles a quem designou legitimamente para orientar sua Igreja, sacramento de seu Reino.

E o sínodo?

Ao sermos chamados pelo Vigário de Cristo, o papa Francisco, para sermos uma IGREJA SINODAL, podemos voltar às origens do Cristianismo, desde aquele dia em Antioquia, quando "os do Caminho" foram chamados pela primeira vez de "**cristãos**". Os "do Caminho" viviam de um modo tão comprometido na causa do Reino que era de verdade uma IGREJA SINODAL constante, pois junto dos Apóstolos compreendiam a Sagrada Escritura (basta ver o discurso de Pedro no Templo de Jerusalém – At 3,11-26). A partilha do pão ia ao encontro dos mais necessitados e não havia a consideração de "minhas coisas", mas tudo era colocado em comum. Viver os mesmos sentimentos e o mesmo estilo dos cristãos como das Primeiras Comunidades é claramente possível, se quisermos uma Igreja aos moldes de Cristo e não a nossos moldes. Ser uma Igreja sinodal é voltar-se para a raiz de nossa fé em Cristo e no jeito das Primeiras Comunidades cristãs.

Rezando como Igreja-Comunhão

— Em nome do Pai † e do Filho e do Espírito Santo.
— **Amém.**
— Pai de bondade, vós sois nossa vida e a fonte de toda a sabedoria e de todo o amor. Vós sois nosso Deus e Senhor.
— **Guiai-nos no caminho de vosso Reino.**
— Vinde e iluminai-nos, pois estamos vivendo o Sínodo em vossa Igreja e, com ela, vamos caminhar na unidade e na paz.
— **Vinde, Espírito Santo, iluminai nossa mente, nossos pensamentos e nosso coração. Amém.**

— Escutemos o Senhor, pois Ele nos fala por sua Palavra: **Atos dos Apóstolos 2,42-47** *(Ler na Bíblia).*
(Permanecer um instante em silêncio, para a meditação pessoal.)

— O que você achou mais bonito nesse texto bíblico que ouvimos? Você acha importante o *Sínodo da Igreja*? Será que as Primeiras Comunidades eram sinodais?

— **Louvemos o Senhor, nosso Deus**, que em seu Filho Jesus Cristo nos reúne na unidade, na Igreja-Comunhão:
PORQUE somos a Igreja de Cristo aqui e agora. — **Nós vos louvamos, Senhor!**
PORQUE somos um povo amado pelo Senhor. — **Nós vos louvamos, Senhor!**
PORQUE somos uma Comunidade cristã. — **Nós vos louvamos, Senhor!**
PORQUE estamos vivendo o Sínodo na Igreja. — **Nós vos louvamos, Senhor!**
PORQUE amamos a Igreja de Cristo. — **Nós vos louvamos, Senhor!**
PORQUE a Igreja é sacramento do Reino. — **Nós vos louvamos, Senhor!**
PORQUE as Primeiras Comunidades nos inspiram. — **Nós vos louvamos, Senhor!**
PORQUE somos uma Igreja viva, dinâmica e presente. — **Nós vos louvamos, Senhor!**

— Rezemos a Oração de toda a humanidade, de todos que praticam o bem: **Pai nosso...**

— Rezemos com Maria, modelo de Evangelho e Catequista do povo de Deus: **Ave, Maria...**

— Senhor Deus, guiai nossa caminhada neste Sínodo. Estamos vivendo essa aurora bendita em vossa Igreja e, orientados pelo papa Francisco, vamos seguir os passos de vosso Filho Jesus, que nos chama a sermos responsáveis pela Igreja e anunciadores da verdade do Reino. Inspirai-nos, Senhor, e abençoai-nos.
— Em nome do Pai † e do Filho e do Espírito Santo. Amém.
— Continuemos unidos e na paz do Senhor. **Amém.**

2
SER IGREJA POVO DE DEUS

O POVO DE DEUS é convocado, chamado por Ele, para ser o povo da nova e eterna Aliança em Cristo, seu Filho. Pela fé e pelo Batismo, somos constituídos filhos de Deus, membros de Cristo e templos vivos do Espírito Santo. Como é belo ser cristão batizado! Somos mergulhados na grandeza da PERTENÇA ao Reino do Senhor. Somos **membros** de Cristo e **templos** do Espírito Santo.

O Senhor fez Aliança com seu povo por intermédio de seus fiéis colaboradores, que, conhecendo o desejo divino, abraçaram a causa da Aliança, não obstante suas limitações: Abraão idoso, Moisés com dificuldades para falar, Amós profeta era cuidador do gado, homem do campo... Amós foi o primeiro dos profetas, era pastor do sul de Belém, plantador de sicômoros (um tipo de figo) e seu nome significa "portador" – sua ação profética foi em 750 a.C. Assim já é possível perceber como o Senhor não foi aos palácios para chamar gente importante. Não! Passou pela periferia, pois sabia que ali encontraria disponibilidade interior, compromisso determinado com a Aliança. Foram colaboradores autênticos.

Bem sabemos que nossa realidade cultural ou social é muito diferente. Parece que temos muito mais condições técnico-humanas em comparação àquele tempo. Mas a questão é: temos a mesma ou maior disposição aos que foram chamados para estabelecer a Aliança de Deus com seu povo? Precisamos nos avaliar...

O Novo Testamento realça claramente o Cristo como a Cabeça de toda a Igreja. Ele é a nova e eterna Aliança. Em Cristo, somos o povo novo ou o novo povo de Deus.

Deus tem seus desígnios. Desde a antiga Aliança, foi conduzindo seu povo para chegar ao ápice da Aliança, seu Filho, Jesus Cristo, nova e eterna Aliança. Ele é a plenitude da redenção humana. O Dia de Pentecostes foi o grande dia, pois ali nascia a Igreja de Cristo, para levar adiante o desígnio divino, o Reino do Céu.

Esse Reino já está presente, mas alcançará sua plenitude no grande Dia, que o Senhor reservou para si. Esse Dia será a grande assembleia de todos os redimidos. Esse Dia será lindo, sem comparação com o dia mais bonito que você já viveu! É Dia de glória, de realização de plenitude da vida e do amor que o Senhor depositou em nós, por meio de Cristo, seu Filho.

Ainda estamos a caminho. Assim, o **Syn-odòs** vem nos intimar, convocar-nos, "falar a nosso ouvido", pois como Igreja somos continuadores do projeto de Cristo. O *Synodos* é uma convocação para nossa responsabilidade cristã para com o Reino do Céu. Se a missão da Igreja, como sacramento do Reino, é tornar vivo e presente, instaurar o Reino no mundo, é dever do cristão batizado abraçar a causa da Igreja, pois somos a Igreja de Cristo. O Reino já foi inaugurado por Cristo entre nós, mas ainda está em processo, portanto é indispensável a participação e colaboração do cristão. É isso que o *Synodos* quer nos despertar e nos convocar para a nobre missão de anunciar hoje a verdade de Cristo, seu Reino.

Somos com a Igreja inteira, com todos os povos e todas as nações, compromissados com o Reino do Céu, germinando a vida nova, manifestando o amor salvífico de Cristo. É grande a missão do cristão. Por isso só poderá realizá-la como Igreja-Comunhão. Sem essa unidade, não se realiza o projeto de Cristo entre nós.

Há um Mistério na Igreja, ou seja, apesar de **ela** ser **uma realidade visível**, estar presente, nós participarmos dela e com ela, ela opera uma realidade que não é visível, é espiritual, é divina, é sagrada. Quem pode descobrir isso? Somente os olhos da fé podem nos fazer enxergar tão grande e bela realidade, ao mesmo tempo presente e invisível. Por isso a Igreja é Mistério e, ao mesmo tempo, sacramento-sinal do Reino.

Nela podemos vislumbrar além do horizonte e ver o quanto ela contribui para a reconciliação e para a comunhão com toda a humanidade, com os povos e as nações. É Mistério e presença ao mesmo tempo. Tudo isso, porém, só pode se realizar por desígnio divino, jamais por ação ou querer humano. A Igreja é uma voz que "clama no deserto" do tempo de agora, o qual transparece falta de humanidade, de ética, de equidade. Naquela hora, João Batista clamava por conversão e penitência, e hoje a Igreja clama por vida, por justiça, por equidade, valores insubstituíveis do ser humano.

Sim, somos a Igreja de Cristo. Dela nos tornamos membros vivos mediante a fé e o Batismo que recebemos. **Sua origem?** Nada difícil de saber: está no coração do Pai, pois o Cristo foi constituído a Cabeça da Igreja, reuniu-nos pelo Espírito Santo em um só povo, em um só corpo. **Sua missão é anunciar o Evangelho de Cristo** na realidade em que vivemos, e Jesus é o Modelo por excelência para nosso seguimento. Olhamos para seu modo de ser e agir em sua vida pública e, assim, temos a inspiração necessária para agirmos como Igreja, como cristão no tempo de agora. Portanto não é preciso buscar outros "modelos" de Igreja, criando "novos sítios eclesiológicos", pois só se é Igreja por meio da comunhão fraterna, de missão, de defesa da vida, da justiça e de tantos outros valores insubstituíveis do Reino de Deus.

Ser Igreja é ser a continuidade de todo o projeto de Cristo para a humanidade: o Reino do Céu! Podemos dar passos importantes, significativos, mas eles só terão sentido se passarem pela dimensão fundamental da vida e do Reino, que é ser Igreja-Comunhão.

E o Sínodo?

Ele vem realçar a grandeza de sermos povo de Deus, povo da nova e eterna Aliança, comprometido aqui e agora com a Igreja-Comunhão. A participação dos cristãos nesse processo de comunhão e de diálogo é exigente, mas trará seus frutos, pois aí está o desejo de Cristo, que é a autêntica unidade dos cristãos, como povo amado do Senhor. O que foi iniciado por Cristo só terá continuidade; o mistério da Igreja não depende de nós, mas exige nossa participação e comunhão. Portanto é preciso escutar a voz de Deus, que nos ajuda a compreender a ação do Reino hoje.

Rezando como Igreja-Comunhão

— Em nome do Pai † e do Filho e do Espírito Santo.

— Amém.

— Senhor Deus, vós fizestes a Aliança com vosso povo, chamando-o para viver em vosso amor, até a nova e eterna Aliança em vosso Filho Jesus.

— Em Cristo somos o novo povo de Deus, o povo da nova Aliança.

— Vinde e iluminai-nos, pois estamos vivendo o Sínodo em vossa Igreja e, com ela, vamos caminhar na unidade e na paz.
— **Vinde, Espírito Santo, iluminai nossa mente, nossos pensamentos e nosso coração. Amém.**

— Escutemos o Senhor, pois Ele nos fala por sua Palavra: **Evangelho de João 15,1-8** *(Ler na Bíblia).*
(Permanecer um instante em silêncio, para a meditação pessoal.)
— O que você achou mais bonito nesse texto bíblico que ouvimos? Por que o sentido da "videira" é importante para a Igreja, para a Comunidade?

— **Como Igreja de Cristo,** unidos na fraternidade, como Igreja-Comunhão, elevemos ao céu nossa gratidão ao Deus da vida:
BENDITOS os que se unem como irmãos, como irmãs, na Igreja de Jesus. — **Nós vos bendizemos, Senhor!**
BENDITOS os que testemunham a fé na diversidade do mundo. — **Nós vos bendizemos, Senhor!**
BENDITA a Comunidade que escuta a Palavra e a vive com amor. — **Nós vos bendizemos, Senhor!**
BENDITOS os que defendem a vida e repartem o pão. — **Nós vos bendizemos, Senhor!**
BENDITOS os que vivem na Aliança de Cristo, nosso Senhor. — **Nós vos bendizemos, Senhor!**

BENDITOS os que fazem a Igreja ser uma Família solidária. — **Nós vos bendizemos, Senhor!**
BENDITAS as mãos que se erguem para ajudar, apoiar, reerguer. — **Nós vos bendizemos, Senhor!**
BENDITOS os jovens, as crianças, as famílias que são povo do Senhor. — **Nós vos bendizemos, Senhor!**

— Rezemos a Oração de toda a humanidade, de todos que praticam o bem: **Pai nosso...**
— Rezemos com Maria, modelo de Evangelho e Catequista do povo de Deus: **Ave, Maria...**

— Senhor Deus, vosso Espírito Santo nos guie nesta caminhada sinodal, pois a cada dia experimentamos o calor de vosso amor iluminador e transformador. Assim, aumentai em nós o ardor missionário, pois somos vosso povo e, vivendo em Comunidade, esperamos testemunhar vossa Igreja-Comunhão. Guiai-nos, Senhor, na verdade de Cristo e abençoai-nos.
— Em nome do Pai † e do Filho e do Espírito Santo. Amém.
— Continuemos unidos e na paz do Senhor. **Amém.**

3

SER IGREJA PROMOTORA DA JUSTIÇA E DA PAZ

O cuidado com a vida é missão da Igreja, é missão do cristão e de todas as pessoas de bem, que aprenderam, de um modo ou de outro, a respeitar o que é de Deus. Em nosso tempo, é preciso resgatar os valores insubstituíveis e irrevogáveis do ser humano. Cuidar desses valores é ser Igreja viva e participativa, Igreja-Comunhão voltada para a realidade de nosso tempo, mas sempre com o olhar fixo nos valores que são insubstituíveis.

Há uma vulnerabilidade social muito forte presente em nossas relações sociais. A cidade é um reflexo dessa vulnerabilidade, quando vemos o condomínio com toda a sua segurança e os moradores de rua nas condições mais precárias, mais vulneráveis. Se há aumento dos vulneráveis, é porque há vulnerabilidade administrativa no bem comum ou encaminhamentos escusos do que é de todos. Não se faz uma boa administração privilegiando um grupo em detrimento de outro, ou seja, ficando ao lado dos grandes negócios, esquecendo-se de quem não tem nem o que comer.

A vida cristã passa pela experiência da palavra, mas também pelo encontro, pela solidariedade, pela firme consciência dos valores que não podem ser simplesmente esquecidos ou deixados de lado.

O Sínodo não é um encontro qualquer, uma reunião a mais, em que se busca um conselho que dá seu parecer para "tudo continuar como está". Não! É uma caminhada eclesial, os quais se faz por todos os cristãos, pela Comunidade, os quais escutam a Palavra de Jesus e respondem na fé à realidade que os cerca.

Nossa fé em Cristo só nos faz aproximar dele e defender os valores que promovem a vida, como a justiça equitativa e a paz. Há abandonados sim, excluídos entre nós, e o olhar do cristão não pode ficar alheio a isso. Se assim for, essa é uma atitude nada evangélica! A justiça do Reino preocupa-se intensamente com a integração dos não integrados, com a promoção aos que são ameaçados de morte; preocupa-se com a justiça e a paz.

É preciso ouvir o clamor do povo, lembra-nos o papa Francisco na *Evangelii Gaudium*. Somos instrumentos de Deus a serviço da libertação e da promoção às pessoas que estão à margem, na periferia de seus direitos, continua a nos lembrar. Sim, precisamos estar atentos, para podermos ouvir o clamor do povo, das nações e de uma multidão que reclama um pedaço de pão, um trabalho digno, um lugar para se proteger, para acolher sua família.

É preocupante notarmos que a realidade dos migrantes não nos tem preocupado. Sim, há este ou aquele setor na sociedade que tem se posicionado vocalmente diante de tal realidade, mas, em se tratando de Comunidade, ainda falta termos a consciência clara e subordinada da realidade sobre esse assunto. Não se trata de dar argumentos, mas sim de ser presença e fazer justiça, para que se alcance a paz.

A Sagrada Escritura nos enriquece com belas passagens dos que labutam com Deus a favor da vida, na defesa da dignidade do ser humano. A Palavra é a presença do próprio Deus entre nós.

Vejamos algumas passagens significativas:

— Ouvir o clamor do povo sofredor, dos desprezados, dos necessitados: "Eu vi, eu vi a miséria de meu povo no Egito e ouvi o clamor que lhe arrancam seus opressores... Desci para libertá-lo... Agora, vai! Eu te envio ao faraó para que tires do Egito meu povo, os israelitas" (Êx 3,7-8.10).

— Deus tem seu olhar voltado às necessidades de seu povo: "Os filhos de Israel clamaram, então, ao Senhor, e o Senhor enviou-lhes um salvador" (Jz 3,15).

— Não ter solicitude, ficar surdo, se somos Igreja, se somos instrumentos de Deus: "Olhando com maus olhos teu irmão pobre, nada lhe dês; ele clamaria ao Senhor contra ti, e isso seria um pecado teu".

— O amor exige presença e partilha, é compromisso, é solidariedade, pois mostra nosso relacionamento com Deus: "Se alguém, possuindo os bens deste mundo, vê seu irmão na necessidade e lhe fecha seu coração, como o amor de Deus permanece nele?" (1Jo 3,17).

— A justiça não é possibilidade, é condição: "O salário, do qual defraudastes os trabalhadores que ceifaram vossos campos, clama; e os gritos dos ceifadores chegaram aos ouvidos do Senhor" (Tg 5,4).

O texto sagrado nos mostra que o próprio Senhor está atento para que se realize a justiça, pois sem ela não há paz. Não há justiça se há grupos privilegiados, que até se vangloriam de oferecer uns restos, umas sobras aos pobres. Triste realidade! O discípulo autêntico de Cristo está impregnado da alegria e da esperança, mas também da tristeza e das ansiedades. Sim, a justiça e a paz devem ecoar no coração do cristão. Se estamos reunidos verdadeiramente em Cristo e iluminados pelo Espírito Santo, como poderemos negligenciar tal realidade? Uma Igreja que não volve seu olhar à realidade dos vulneráveis neste mundo não é autêntica Igreja de Cristo.

Portanto a Comunidade cristã só pode se sentir verdadeira se estiver solidária com a realidade do ser humano e atenta a sua história aqui e agora. É inautêntico dizer-se Igreja de Cristo e não deixar ressoar no coração do cristão a verdade do Evangelho.

E o Sínodo?

Somos Igreja, e aí estão a beleza e a grandeza. O **Sínodo** irá nos recordar que somos uma Igreja-Comunhão e peregrina. Mas, nesse peregrinar, não podemos desejar nem percorrer o caminho que nos leva ao privilégio pessoal ou grupal, muito menos escolher o que é de nossa preferência. O caminho a ser percorrido é o da comunhão, do compromisso solidário. Também sabemos que não é possível ser uma Igreja acomodada, estabelecida e despreocupada com a história que nos cerca. Jesus não ficou parado, nunca se estabeleceu prioritariamente. Ele saía ao encontro, dava sua palavra confortadora, libertadora. A Igreja existe para caminhar, para andar, para ir em frente. Por isso **syn-odòs** é caminho a ser feito em comum, em comunhão com Cristo e com os irmãos. **Syn-odòs** não é simplesmente estabelecimento de uma série de normas, mas sim caminhar juntos, o que nos faz ser Igreja-Comunhão.

"O que nosso espírito, quer dizer, nossa alma é para nossos membros, o Espírito Santo o é para os membros de Cristo, para o corpo de Cristo, que é a Igreja" (Santo Agostinho).

— Em nome do Pai † e do Filho e do Espírito Santo.
— **Amém.**
— Senhor Deus, vós, que estabelecestes vossa justiça sobre a terra, por meio de Cristo, vosso Filho, ajudai-nos a viver com vigor o Sínodo de vossa Igreja.
— **Fazei reinar, por vossa graça, no mundo inteiro, vossa justiça e vossa paz.**
— Vinde e iluminai-nos, pois estamos vivendo o Sínodo em vossa Igreja e, com ela, vamos caminhar na unidade e na paz.
— **Vinde, Espírito Santo, iluminai nossa mente, nossos pensamentos e nosso coração. Amém.**

— Escutemos o Senhor, pois Ele nos fala por sua Palavra: **Evangelho de Mateus 13,31-35** *(Ler na Bíblia).*
(Permanecer um instante em silêncio, para a meditação pessoal.)
— O que você achou mais bonito nesse texto bíblico que ouvimos? A partir desse texto do Evangelho, o que você diz ser importante para a Comunidade?

— **Somos a Igreja de Cristo,** a paz e a justiça do Reino ajudam-nos a erguer ao Senhor o coração em prece. Como Igreja-Comunhão, façamos nosso louvor e nossa gratidão.

QUANDO nos encontrarmos em dificuldade e até sem ânimo para servir com amor. — **Dai-nos, Senhor, vossa misericórdia!**

QUANDO parecer que estamos perdendo o sentido da vida e da fé. — **Dai-nos, Senhor, vossa misericórdia!**

QUANDO desejamos fazer o bem, mas falhamos em nosso desejo. — **Dai-nos, Senhor, vossa misericórdia!**

QUANDO gostarmos mais da acomodação e da pouca ousadia em amar e servir. — **Dai-nos, Senhor, vossa misericórdia!**

QUANDO faltarem entre nós o diálogo e a busca comum do bem de todos. — **Dai-nos, Senhor, vossa misericórdia!**

QUANDO quisermos ser grandes e importantes, em vez de sermos sementes. — **Dai-nos, Senhor, vossa misericórdia!**

QUANDO fizermos a vida ser um marasmo, parada, sem dedicação. — **Dai-nos, Senhor, vossa misericórdia!**

QUANDO os jovens, as crianças, as famílias não forem respeitados. — **Dai-nos, Senhor, vossa misericórdia!**

— Rezemos a Oração de toda a humanidade, de todos que praticam o bem: **Pai nosso...**

— Rezemos com Maria, modelo de Evangelho e Catequista do povo de Deus: **Ave, Maria...**

— Senhor Deus, vosso Espírito Santo desperte-nos para o compromisso de vosso Reino, promovendo a justiça entre nós, para que os povos e as nações encontrem a paz. Nada poderá nos fazer sucumbir se estamos unidos, na verdade de Cristo, vosso Filho e nosso Senhor. Derramai sobre nós a força da esperança em vós e dai-nos vossa bênção incomparável.

— **Em nome do Pai † e do Filho e do Espírito Santo. Amém.**

— Continuemos unidos e na paz do Senhor. **Amém.**

4

SER IGREJA PROMOTORA DA VIDA E DA ECOLOGIA

Para o cristão a vida não tem preço e é inegociável. Ela é dom divino, dádiva divina, manifestação do amor do Senhor por nós. Ao mesmo tempo, ela é carregada de mistério. Somos fruto das entranhas divinas, ou seja, somos nascidos do próprio Senhor. Por isso a vida é o maior valor ético e está acima de qualquer outro valor, afirmou-nos São João Paulo II.

A Igreja de Cristo, em sua atitude materna, que na verdade é a atitude do próprio Deus, quer cuidar da vida e, com todo o seu esforço, procura defender e promover esse dom divino, principalmente os seres mais frágeis, os mais inocentes de todos: o nascituro (em latim, *nascituru* – aquele que há de nascer). Desde o ano 2005, a Igreja no Brasil promove a "*Semana da Vida*", de 1 a 7 de outubro, culminando com o "*Dia do Nascituro*", em 8 de outubro. Essa é uma data fixa no calendário da Igreja no Brasil, dada sua imensa importância e seu sentido. Assim afirma a Comissão Vida e Família da CNBB:

A atividade da Semana Nacional da Vida e do Dia do Nascituro é uma feliz iniciativa da Igreja. Busca ecoar na consciência, não só dos católicos, mas também de todos os homens e todas as mulheres de nossa sociedade o quão é necessário criar uma cultura da vida em uma realidade que, muitas vezes, passou a considerar certas condições humanas como descartáveis.

Na *Evangelii Gaudium,* o papa Francisco resume com maestria o sentido sagrado da vida e as ameaças que ela enfrenta em nossos dias, lembrando-nos que não temos nenhum direito de ofender ou ferir a vida:

> Hoje se quer negar a dignidade humana (...). Muitas vezes, para ridicularizar jocosamente a defesa que a Igreja faz da vida dos nascituros, procura-se apresentar sua posição como ideológica, obscurantista e conservadora; no entanto esta defesa da vida nascente está intimamente ligada à defesa de qualquer direito humano. Supõe a convicção de que um ser humano é sempre sagrado e inviolável, em qualquer situação e em cada etapa do seu desenvolvimento. É fim em si mesmo, e nunca um meio para resolver outras dificuldades. Se cai esta convicção, não restam fundamentos sólidos e permanentes para a defesa dos direitos humanos, que ficariam sempre sujeitos às conveniências contingentes dos poderosos de turno. Por si só a razão é suficiente para se reconhecer o valor inviolável de qualquer vida humana, mas, se a olhamos também a partir da fé, "toda a violação da dignidade pessoal do ser humano clama por vingança junto de Deus e torna-se ofensa ao Criador do homem" (Evangelii Gaudium, 176).

Para o cristão, principalmente por causa de sua convicção de fé, e para todo ser humano, seja qual for o lugar em que estiver, "um ser humano é inviolável e sagrado, em qualquer situação e em cada etapa de seu desenvolvimento". É um ensinamento determinante, pois reconhece a sacralidade da vida e a inviolável dignidade do ser humano. A vida não é objeto descartável, como parece ser o desejo de certos segmentos na sociedade.

Não há progresso algum, muito menos humano, quando se viola o direito à vida. A vida humana tem a supremacia da dignidade, mas não tem menos direito a vida presente na natureza ou em cada ser vivo presente na Terra. Tudo nasceu das mãos do Criador, uma força divina harmoniosa, que fez realizar o Jardim do Éden. Os seres mais vulneráveis, mais frágeis não estão à mercê de nosso querer egoísta, com fins apenas econômicos ou, simplesmente, para uso indiscriminado. Por que queimar a mata e toda a sua biodiversidade, que levou milhares de anos para se desenvolver, apenas para aumentar o gosto desenfreado da ganância e do poderio econômico? É recusável a atitude de quem pode defender, mas não o faz por ter seus interesses escusos também. Triste realidade de nossa pátria!

O cristão é guardião, sim, de toda obra criada por Deus. A vida é também sagrada no minúsculo inseto visível, como também naquele que é invisível nos seres que são invisíveis, pois a natureza criada por Deus tem sua plena harmonia e nada vem por acaso ou por acidente biológico. A natureza por si só mantém seu equilíbrio, mas o ser humano é capaz de desequilibrá-la. Ou ainda resta dúvida de que enfrentamos um desequilíbrio na natureza? Quando vemos extinguir uma espécie que tenha vivido centenas e centenas de anos sobre a face da terra, é como que uma espada a atravessar o coração dos que respeitam a Deus e sua criação. Não há vitória alguma quando isso acontece. É verdadeira mutilação de algo que existiu por desejo divino.

Não cabe a nenhum ser humano, com consciência dos valores fundantes e insubstituíveis da vida, deixar rastro de destruição ou mutilação da vida por onde passa. Ao contrário, como o semeador lança a semente para fazê-la renascer, deve ser nossa atitude de cristãos, que labutam ao lado da vida, que procuram fazê-la progredir e defendem a flor, a abelha, o inseto... o dom divino da vida.

Papa Francisco ressalta na *Evangelii Gaudium* o lamento profético dos bispos das Filipinas:

> Uma incrível variedade de insetos vivia no bosque; e estavam ocupados com todo o tipo de tarefas. (...) Os pássaros voavam pelo ar, suas penas brilhantes e seus variados gorjeios acrescentavam cor e melodia ao verde dos bosques. (...) Deus quis que esta terra fosse para nós, suas criaturas especiais, mas não para a podermos destruir ou transformar em um terreno baldio. (...) Depois de uma única noite de chuva, observa os rios de castanho-chocolate de tua localidade e lembra-te que estão a arrastar o sangue vivo da terra para o mar. (...) Como poderão os peixes nadarem em esgotos como o rio Pasig e muitos outros rios que poluímos? Quem transformou o maravilhoso mundo marinho em cemitérios subaquáticos despojados de vida e de cor? (Conferência dos Bispos cató-

licos das Filipinas, Carta pastoral "O que está acontecendo com nossa bela terra?", 29 de janeiro de 1988.)

Certamente, como povo de Deus e como seres humanos, trazemos tão grande tesouro em vasos de barro, frágeis e sujeitos a qualquer vulnerabilidade. É o amor a Deus e o respeito a suas criaturas que nos fazem fortes, e São Francisco, de ontem e de hoje, chama-nos para sermos parceiros de Deus, cocriadores da beleza de toda a sua obra. Sim, temos a missão de cuidar da fragilidade do mundo em que vivemos. Tomando consciência do bem que o Senhor colocou em nossas mãos, podemos mudar a história do mundo, um pouco atrasados, mas ainda há tempo, só não sei quanto tempo temos, para cuidar da formidável obra da criação. Se não podemos fazer o que Deus fez, sejamos capazes de não estragar, ferir ou vender o que Ele criou para todos, para toda a humanidade e não somente para os que já não precisam de mais nada, apenas querem acumular, isto é, querem tirar o direito à vida do outro.

E o Sínodo?

O Senhor criou todo o universo, com todos os seres vivos, com tudo o que existe. Nada passou despercebido de seu olhar benigno. Do ser invisível até a desconhecida galáxia, tudo fez com amor. Sim, a maior dignidade está no homem e na mulher, criados a sua imagem e semelhança. Fomos criados com uma dignidade humana e divina. Por isso respeitar as criaturas é respeitar o Criador. E, se temos uma "superioridade" na dignidade, então todas as criaturas devem ser respeitadas, pois maior é nossa consciência; assim se espera. Sim, a Igreja tem compromisso com o direito à vida, tanto do ser humano como das criaturas (a natureza em sua globalidade e diversidade). O **Syn-odòs,** ao se colocar ao lado da vida, levar-nos-á a reconhecer a supremacia da criação divina diante do egoísmo ganancioso do ser humano ávido de lucro em detrimento da vida. Certamente que a formação da consciência do direito à vida, na Comunidade, produzirá grande bem para a humanidade, pois assim se poderá atingir os grandes "centros" de decisão. Não seremos menores se respeitarmos a natureza; muito pelo contrário.

"Plantas, campos e jardins, seres vivos e inanimados deem glória ao Senhor, que fez o céu e a terra, o mar, as galáxias, os vulcões, a chuva e a neve e o ser humano, a sua imagem e semelhança. Bendito seja o Senhor."

Rezando como Igreja-Comunhão

— Em nome do Pai † e do Filho e do Espírito Santo.

— **Amém.**

— Senhor Deus, vós sois o Criador de tudo o que existe, e nada existe sem vosso querer, sem o toque de vossa mão divina. Obrigado pelas florestas, matas, criaturas e pela criação que ainda existe, que não foi ferida pelo egoísmo e pela ganância dos humanos.

— **Senhor, por amor nos destes a vida e nos criastes a vossa imagem e semelhança.**

— Vinde e iluminai-nos, pois estamos vivendo o Sínodo em vossa Igreja e com ela vamos caminhar na unidade e na paz.

— **Vinde, Espírito Santo, iluminai nossa mente, nossos pensamentos e nosso coração. Amém.**

— Escutemos o Senhor, pois Ele nos fala por sua Palavra: **Gênesis 1,26-31** *(Ler na Bíblia)*.

(Permanecer um instante em silêncio, para a meditação pessoal.)

— O que você achou mais bonito nesse texto bíblico que ouvimos? É importante respeitar o ser humano e toda criatura de Deus! O que você acha?

— **Somos a Igreja de Cristo**, e amamos e respeitamos tudo o que foi feito por Deus: a natureza e o ser humano; a Ele nosso louvor, nosso amor. Como Igreja-Comunhão, elevemos ao céu nossa oração.

POR TODA a natureza tão bela, que foi criada com amor e carinho. — **Nós vos bendizemos, Senhor!**

POR TODAS as coisas que o Senhor criou para nosso bem e nossa paz. — **Nós vos bendizemos, Senhor!**

PORQUE o homem e a mulher são imagem e semelhança de Deus. — **Nós vos bendizemos, Senhor!**

PORQUE há promotores da vida e da esperança em nosso mundo. — **Nós vos bendizemos, Senhor!**

POR TODOS os que defendem a natureza e não a ganância desenfreada. — **Nós vos bendizemos, Senhor!**
PORQUE podemos ter atitudes pessoais e comunitárias a favor da natureza. — **Nós vos bendizemos, Senhor!**
POR TODAS as iniciativas da sociedade que vão ao encontro da vida e da criação divina. — **Nós vos bendizemos, Senhor!**
PORQUE podemos nos alegrar, descansar e admirar tudo o que Deus fez. — **Nós vos bendizemos, Senhor!**

— Rezemos a Oração de toda a humanidade, de todos os que praticam o bem: **Pai nosso...**
— Rezemos com Maria, modelo de Evangelho e Catequista do povo de Deus: **Ave, Maria...**

— Senhor Deus, despertai nas autoridades e em cada um de nós a consciência ética de proteger e defender o que foi criado por vós e para nosso bem. Fazei-nos promotores da vida e do respeito a vós. Derramai sobre nós a força da esperança em vós e dai-nos vossa bênção incomparável.
— **Em nome do Pai † e do Filho e do Espírito Santo. Amém.**
— Continuemos unidos e na paz do Senhor. **Amém.**

5
SER IGREJA PROMOTORA DA FRATERNIDADE E DA UNIÃO

Todo cristão precisa ter saudades da Palestina de Jesus. Seus pés e seu coração ficaram inquietos, enquanto não se encontrassem com os pecadores, com os marginalizados de tantas e diversas formas. Para cada criatura colocada à margem, o Senhor tinha sua palavra alentadora e libertadora. Estendia suas mãos para apoiar, ajudar a levantar, curar, perdoar... Os discípulos experimentavam uma realidade nova, até então jamais vista, e eram "cada vez mais curiosos" das atitudes do Mestre Jesus. Cada dia um aprendizado. Cada dia o acolhimento do Senhor os surpreendia, tanto daqueles que eram desprezados pelos senhores da Lei – escribas e fariseus – como deles próprios, pois podiam experimentar a paciência do Senhor com eles.

A vida em Cristo é uma experiência profunda de fé. Sem a fé é impossível compreender seus gestos e suas atitudes, que levavam a pessoa para a autêntica liberdade. Não foram poucas as circunstâncias em que Jesus pediu para que a fé fosse a condição primeira.

O projeto de Cristo é o da UNIÃO, da FRATERNIDADE. Sentir a vida do outro – outros, outras – é lançar o olhar da fraternidade para o irmão ou a irmã. Se temos fé, é impossível negligenciar a fraternidade e a união entre os cristãos. Abraçar o projeto de Cristo, que é o Reino de Deus, é viver na união, na fraternidade.

Desse modo, o **Synodos** vem nos fazer recuperar muitos valores que, certamente, podem ter ficado esquecidos ou, até mesmo, negligenciados diante das muitas propostas que recebemos diariamente. Ele vem nos resgatar para o projeto de Cristo, vem nos fazer viver com saudade a Palestina de Cristo, onde eram vivos e presentes os valores do Reino. O tempo pode ser nosso amigo e nos fazer adultos na vida, mas também pode ser "nosso inimigo", pois podemos negligenciar muitos valores outrora vividos. Portanto o **Synodos** vem nos resgatar naquilo que é insubstituível e que, talvez, tenha ficado esquecido. A **fraternidade e a união** são valores perenes, que, por mais que nos desenvolvamos culturalmente, continuam a ser causa ou motivação em nossa vida, pois estamos falando com pessoas de fé.

O livro do Apocalipse nos diz sobre a cidade santa, como direção ou destino de toda a humanidade:

— "Vi descer do céu, de junto de Deus, a Cidade Santa, a nova Jerusalém pronta como noiva adornada para o esposo..." (Ap 21,2-4).

Qual é a expectativa que o Apocalipse nos traz? A de uma terra nova, sem males, sem dissensão. Mas, para que isso se realize, de fato, devemos impulsionar nossa solicitude. Não podemos querer e nada mover! Por isso a Comunidade fraterna que vive a dignidade humana vai estabelecendo essa nova terra e esse novo céu já aqui e agora, até encontrar sua plenitude em Cristo. Temos de fazer nossa parte. Omiti-la é recusar o projeto de Cristo.

A fraternidade e a união nos fazem ter um olhar compassivo das pessoas, da história que vivemos e realizamos. Hoje há as grandes cidades. O mundo se tornou urbano. Não há mais a divisão que existia entre o que era do campo e o que era da cidade. Esse limite cultural há muito já foi rompido. Somos todos urbanos, pois estamos todos imersos em um feixe, em um complexo de relações. O que devemos fazer? Devemos viver a história, que está diante de nós, e aí descobrir tantos valores escondidos, como o "tesouro" de que fala Jesus no Evangelho. Sim, há valores e grandes valores, mas é preciso descobri-los.

Certo é que Deus habita esse ambiente, nele estão presentes os valores do Evangelho e encontramos a vida presente nas Comunidades, nos grupos diversos, nas casas, nas ruas, nas praças, nos clubes e condomínios... Deus está aí. Ele vive entre nós. É certo que está presente. Então, o que devemos fazer?

É preciso descobrir a presença de Deus. O gesto solidário acontece quase que espontaneamente em certas ocasiões ou realidades imprevistas, como a de alguma intempérie. Rapidamente nos fazemos solidários. E solidariedade é o novo nome da fraternidade. Até é muito significativo dizer **Solidariedade e Sinodalidade**, pois, além da sonoridade, de fato, aproximam-se, no modo de ser, das atitudes das pessoas. Solidariedade é comunhão, é fraternidade. Sinodalidade é comunhão, é busca comum de um mesmo e único bem: o Reino de Deus! Por isso falar de solidariedade e de sinodalidade é falar da comunhão, da fraternidade, da união. Não há diferença ou separação, mas sim aproximação e força comum.

Qual é o dever do cristão? Claro, são muitos os deveres, como são muitos os valores que temos diante de nós. Dever não significa "dever", imposição legal ou semelhante, mas sim um valor que se tem diante de si e que é preciso ser cultivado, amado. Esse é o dever cristão. Portanto o dever do cristão é viver a fraternidade, a solidariedade, a união. É preciso descobrir a presença divina, a presença de Cristo em nossas relações, em qualquer ambiente, pois o Senhor aí está.

A defesa da vida é mais do que uma exigência para o cristão hoje. Enquanto há ameaças à vida e tantas formas de morte, somos chamados a descobrir a presença de Deus nas atitudes de desejo do bem, de fraternidade, de labuta a favor da justiça e de tantos outros valores. A fraternidade e a união nos fazem descobrir Deus aqui e agora. Deus jamais se esconde de nós, nós é que nos escondemos dele, quando não vivemos os valores do Reino.

Portanto o **Synodos** nos traz esse belo e grande desafio, tão pertinente em tempos de individualismo, de egocentrismo, de polarizações variadas e tendenciosas. O Sínodo vem nos provocar, quer ver nossa reação diante dos valores insubstituíveis do Evangelho. Somos, portanto, uma Igreja viva, comprometida no tempo e na história; e isso nos anima e nos agrada. Não somos, não podemos nem queremos ser uma "Igreja que vive de saudades ou deseja voltar a um tempo que já passou". Não podemos ser anacrônicos (que não cede à sucessão normal do tempo), devemos ser cronológicos, ou seja, aqui e agora, cristãos comprometidos na história.

Com Jesus não foi diferente. Ele viveu a realidade de seu tempo e propôs a novidade do Reino. Os cristãos de agora recebem os chamados para viverem os valores do Reino e os proporem com firmeza e fineza à sociedade de agora. A fraternidade e a união são valores inestimáveis. Vamos assumir essa causa?

E o Sínodo?

O ***Synodos*** ressaltará com certeza a necessidade de uma vida de comunhão. Ser Igreja hoje é viver em comunhão, impregnada dos valores da fraternidade e da união. Vivemos um tempo de grande progresso de relações sociais, por meio das Redes em suas variadas formas e de outros instrumentos de comunicação. Há um alcance inaudito desses Meios. Certamente, a dificuldade é fazer deles um instrumento que ajude a humanidade a progredir, sem *fake news*, e que seja Meio carregado de valor ético e de defesa da vida. O ***Synodos*** certamente irá nos motivar a viver uma nova mística nessa realidade, que nos leve ao encontro, ao abraço sincero e acolhedor, desinteressado, marcado pela sincera fraternidade. Mesmo que tenhamos uma realidade um pouco caótica, isso deve ser um impulso para que façamos de nossa vida cristã um expoente de fraternidade e de solidariedade. Se queremos mudar, precisamos mudar a nós mesmos, por primeiro. Reviver a "mística de viver juntos" (EG,87), lembra-nos papa Francisco.

Rezando como Igreja-Comunhão

— Em nome do Pai † e do Filho e do Espírito Santo.
— Amém.
— Senhor Deus, vós sois Trindade Santa, Comunidade de amor e de união, inspiração para nós, vosso povo, vivermos a fraternidade e a união, que geram a vida e nos fazem ser a Igreja-Comunhão.
— Senhor, fazei-nos viver a fraternidade entre nós, na sociedade e Comunidade.

— Vinde e iluminai-nos, pois estamos vivendo o Sínodo em vossa Igreja e, com ela, vamos caminhar na unidade e na paz.
— Vinde, Espírito Santo, iluminai nossa mente, nossos pensamentos e nosso coração. Amém.

— Escutemos o Senhor, pois Ele nos fala por sua Palavra: **Filipenses 2,5-11** *(Ler na Bíblia).*
(Permanecer um instante em silêncio, para a meditação pessoal.)
— O que você achou mais bonito nesse texto bíblico que ouvimos? Qual a direção ele aponta para sua vida cristã e comunitária?

— **Somos a Igreja de Cristo**, e nossa vocação é para a fraternidade e a união. A força da fraternidade jamais poderá ser vencida, pois estará enraizada no coração. Como Igreja-Comunhão, elevemos ao céu nossa oração.
BENDITOS sejam o homem e a mulher que se esforçam para fazer da vida uma partilha. — **Bendito seja o Senhor, Deus amor!**
BENDITO seja quem labuta em defesa da vida e da dignidade humana. — **Bendito seja o Senhor, Deus amor!**
BENDITO seja quem faz da vida uma oblação, para que haja fraternidade e união. — **Bendito seja o Senhor, Deus amor!**

BENDITOS sejam os que ensinam a partilha e os valores da vida. — **Bendito seja o Senhor, Deus amor!**
BENDITA seja a Comunidade que escuta o Evangelho e se torna Igreja-Comunhão. — **Bendito seja o Senhor, Deus amor!**
BENDITA seja a Igreja de agora, nos caminhos da história, sinal de redenção. — **Bendito seja o Senhor, Deus amor!**
BENDITAS sejam as mãos que se estendem para ajudar o irmão. — **Bendito seja o Senhor, Deus amor!**
BENDITO seja nosso encontro, que nos faz abrir a mente e o coração. — **Bendito seja o Senhor, Deus amor!**

— Rezemos a Oração de toda a humanidade, de todos os que praticam o bem: **Pai nosso...**
— Rezemos com Maria, modelo de Evangelho e Catequista do povo de Deus: **Ave, Maria...**

— Senhor Deus, que vosso projeto de vida e de redenção, entre nós estabelecido por Jesus, vosso Filho e nosso Irmão, realize-se plenamente e que, em nossa Comunidade e na sociedade, vivamos na união e na fraternidade. E por vossa infinita bondade derramai sobre nós vossa bênção incomparável.
— **Em nome do Pai † e do Filho e do Espírito Santo. Amém.**
— Continuemos unidos e na paz do Senhor. **Amém.**

6
SER IGREJA PROFECIA DA ESPERANÇA

É tempo de esperança. Ela é uma virtude cristã, virtude teologal. As virtudes teologais são inseparáveis: a fé, a esperança e a caridade! Olhemos com mais vigor a esperança. Ela deve ser anunciada com fervor, pois é necessário animar o povo de Deus na esperança.

Vivemos uma riqueza em nossos dias, pois há novas *geografias humanas* na sociedade, e não são poucas. Elas buscam um sentido para a vida e, em seu modo de reagir entre nós, dão o sentido para sua vida. Têm seus símbolos, sua linguagem, seu modo de reagir, seus paradigmas e tudo o que move esses grupos para o sentido daquilo em que apostam.

Como os cristãos reagem diante de tais geografias? Qual a postura do cristão ou da Comunidade diante dessas diversidades? Parece que o cristão não consegue mostrar o sentido de apostar no Evangelho diante dessa realidade. Certamente muitos pensamentos nessa divergência social não são favoráveis ao Evangelho, pois se aproximam mais de uma ideologia e não de um caráter ético ou profundamente humano. Eles dão "novas orientações de vida". O cristão, por sua vez, parece não conseguir penetrar essa realidade, ou, por certo medo ou certa insegurança, omite-se em manifestar-se como cristão. Não se trata de imposição, jamais *isso*, mas de diálogo, de encontro, de respeito mútuo, com clareza de pensamento e de opção de vida. Não há como negar essa realidade e querer fugir dela, ancorando-se em "estruturas arcaicas como a do tradicionalismo" – tradição sim, tradicionalismo não –, não é o caminho para o cristão. Sim, são necessários o diálogo, o encontro, o confronto, a aposta de encontrar juntos um caminho que nos leve para perto da salvação.

Aí está o sentido da esperança cristã. Podemos não ter argumentos ou pressupostos, mas temos a fé no Cristo Senhor, e nele está nossa esperança. Sem medo de ser cristão, em uma sociedade tão pluralista, é que testemunhamos a verdade de Cristo. Assim, a esperança é o motor que nos faz viver o diálogo, o encontro, em vez de se estabelecer uma estrutura que não favorece esse encontro, e ainda não escuta e até nem respeita o dizer do outro. A esperança provoca encontro adulto e maduro de seres humanos que buscam viver suas convicções. Vemos grupos humanos violentos em seu "ideal", que estão mais a favor da morte do que da vida. O Evangelho nos propõe algo muito maior e melhor, mais amplo e sereno, em que a vida tem seu direito pleno.

Esse ambiente plural em que vivemos está em todos os cantos e recantos. Não é possível fugir deles ou querer se esconder atrás de certas formas inadequadas. Se o desafio é grande, muito mais arraigada deve ser nossa esperança, pois a firmeza na vivência da fé é que despertará outros olhares e dará uma nova compreensão do que de nós se aproxima. Outra vez é preciso dizer que medo ou agarramento a estilos e formas, que já não respondem para o agora de nosso mundo, não irão resolver ou mudar o mundo. E o desafio cristão é convencer as pessoas, os povos, as nações da verdade de Cristo. O diálogo leva ao convencimento. O apego exacerbado e inadequado leva a pessoa para o fechamento a qualquer iniciativa de aproximação e até para realidades mais graves.

Vivemos, portanto, um tempo muito bonito para nossa fé cristã, pois os desafios vêm provar e provocar nossa convicção nos valores irrevogáveis da vida e do Evangelho. Nosso tempo exige abertura de alma, diálogo, encontro, respeito mútuo.

A esperança, portanto, tem seu papel indispensável nessa realidade em que vivemos. Se não temos o que imaginamos no âmbito de fé, de esperança salvífica e de presença do Reino do Céu, é preciso buscá-lo, e para isso há meios que devem ser respeitados, pois tudo é possível em espírito harmônico, para que sejam consolidadas as iniciativas. Precisamos ter nossas seguranças, nosso jeito de viver; mas precisamos buscar esse novo jeito de ser cristão em nosso tempo, pois o mundo é dinâmico, e muito mais dinâmico é o Reino de Deus. Precisamos apenas descobrir, acolher, abraçar essa dinamicidade divina.

Com Jesus foi bem assim: viveu a realidade de seu tempo. Soube deixar claro sobre a verdade do Reino, soube dizer a palavra certa na hora certa. Não fugiu jamais de sua missão, nem mesmo do caminho para Jerusalém, sabendo o que aconteceria com sua presença nessa cidade. Reagiu com aqueles que o queriam desviar desse caminho, como Pedro, apóstolo.

Se nosso tempo exige coragem, também exige esperança. A Comunidade é a força de esperança para o cristão. Em uma cidade grande, em uma megalópole, onde há uma realidade de anonimato muito intensa, a Comunidade torna-se o oásis para o citadino. Ali as pessoas se conhecem, falam-se, esquecem até o celular para dialogar mais, fazem do momento de encontro na Comunidade uma festa. E é mesmo uma festa o encontro na Comunidade, pois nela brota de modo vivo a esperança, pois as iniciativas a favor do Reino estão *cheias* de esperança, de olhar compassivo, de audácia, de missionariedade.

Sim, não percamos a esperança. Santo Agostinho nos ajuda a compreender que "*Deus é mais íntimo de nós que nós mesmos*". Ele é o amor vivo, presente, verdadeiro e nos ama no mais profundo de nosso ser. Agostinho também nos fala sobre a construção de duas cidades, de dois amores: a dos **Homens** e a de **Deus**! A dos **Homens** está marcada pelo desprezo do que é de Deus, uma cidade visível, terrena, cheia de artimanhas, iludida, angustiada, frustrada. A cidade de **Deus** é diferente, diz-nos Agostinho. O amor de Deus por nós é elevado ao extremo, pois chegou ao autoaniquilamento, o sacrifício da cruz, para edificar entre nós a cidade celeste, eterna, visível, presente, salvífica. Se a cidade dos Homens busca prestígio, destaque, distinção, promoção, holofotes, competição, poder, e sacraliza o que se corrompe no tempo, a de Deus, silenciosamente, realça os valores incorruptíveis do Evangelho. A não consonância com os "valores apregoados na cidade dos Homens" nos fará conclamar a vitória um dia, pois o Cristo nos dá essa certeza e aí está nossa esperança.

E o Sínodo?

O ***Synodos*** nos trará reflexões importantes e pertinentes. Ele nos convidará a redescobrir o rosto de Cristo nos pobres, nos infelizes, nos grupos que estão presentes na sociedade. Como cristãos que apostam no Evangelho, precisamos dar um sinal de nossa fé, de nossa esperança e apresentarmos o porquê cremos, sem nos opormos a este ou àquele. Não se trata de se opor ou contradizer, mas de manifestar nossa convicção, e isso pode ser dito com determinação, redescobrindo o rosto de Cristo presente nas pessoas em instâncias tão diversas na sociedade. O cristão tem uma "beleza invejável", que é poder manifestar o amor de Deus, o olhar compassivo do Senhor, sua bondade incomparável, a atitude de Cristo, que se faz como escravo (lava-pés) para servir, sua vocação à liberdade, sua plena realização... Certamente, podemos já manifestar essa beleza, pois por esse caminho andará esse ***Synodos*** da Igreja. A Igreja está a serviço do Reino, dos seres humanos, dos filhos e das filhas de Deus, imagem e semelhança dele.

Rezando como Igreja-Comunhão

— Em nome do Pai † e do Filho e do Espírito Santo.
— Amém.
— Senhor Deus, em vós depositamos nossa vida de cristãos e de Comunidade, pois em vós está nossa esperança e a certeza da vida. Guiai nossos passos no caminho de vosso Reino, e a vida se estabeleça definitivamente entre nós, e assim vivamos na esperança e na comunhão.
— Fortalecei-nos na esperança, Senhor, de ver o mundo vivendo vossos desígnios e em vossa paz.
— Vinde e iluminai-nos, pois estamos vivendo o Sínodo em vossa Igreja e, com ela, vamos caminhar na unidade e na paz.

— **Vinde, Espírito Santo, iluminai nossa mente, nossos pensamentos e nosso coração. Amém.**

— Escutemos o Senhor, pois Ele nos fala por sua Palavra: **Evangelho de Mateus 11,28-30** *(Ler na Bíblia).*
(Permanecer um instante em silêncio, para a meditação pessoal.)
— O que você achou mais bonito nesse texto bíblico que ouvimos? Como podemos ser uma Igreja viva, participativa, onde moramos?

— **Somos a Igreja de Cristo** e, vivendo como Igreja, somos chamados a viver na esperança de alcançar a salvação e ver o mundo cumprindo a vontade divina. Senhor, carregai nossos fardos e firmai-nos em vossa verdade e redenção. Como Igreja-Comunhão, elevemos ao céu nossa oração.
QUANDO a vida parecer difícil. — **Iluminai-nos, Deus da Luz, Deus da vida!**
QUANDO a incerteza estiver diante de nós. — **Iluminai-nos, Deus da Luz, Deus da vida!**
QUANDO tudo parecer não ter mais solução. — **Iluminai-nos, Deus da Luz, Deus da vida!**
QUANDO a surpresa da dor nos tirar a tranquilidade.
— **Iluminai-nos, Deus da Luz, Deus da vida!**
QUANDO nos esquecermos da utopia e do sonho.
— **Iluminai-nos, Deus da Luz, Deus da vida!**

QUANDO a vida nos alegrar com seus feitos. — **Iluminai-nos, Deus da Luz, Deus da vida!**
QUANDO o desânimo quiser nos impedir de viver. — **Iluminai-nos, Deus da Luz, Deus da vida!**
QUANDO a paz alegrar nossa Comunidade e nossa família. — **Iluminai-nos, Deus da Luz, Deus da vida!**

— Rezemos a Oração de toda a humanidade, de todos que praticam o bem: **Pai nosso...**
— Rezemos com Maria, modelo de Evangelho e Catequista do povo de Deus: **Ave, Maria...**

— Senhor Deus, não nos deixai esmorecer diante das muitas dificuldades que encontramos nesta vida, pois temos a certeza de que vós estais a nosso lado e nos amparais com vossa bondade e misericórdia. E, por vossa infinita bondade, derramai sobre nós vossa bênção incomparável.
— **Em nome do Pai † e do Filho e do Espírito Santo. Amém.**
— Continuemos unidos e na paz do Senhor. **Amém.**

7

SER IGREJA MINISTERIAL – SINODALIDADE

Refletir sobre a Igreja **Ministerial** e a **Sinodalidade** é uma temática apaixonante, pois nos faz mergulhar profundamente em nossa missão batismal, o sacerdócio do povo de Deus. Escancara diante de nós o belo horizonte do futuro de uma Igreja cada vez mais comprometida em transformar o mundo. Se há entre nós muitos Ministérios, bendito seja; mas é certo que há ainda muito por fazer. Um fazer necessário é cuidar bem dos que já existem – Formação adequada e abrangente – e assim surgirem tantos outros necessários e imprescindíveis em nossa Comunidade-Igreja.

A palavra **MINISTÉRIO** significa **SERVIÇO**, não um serviço qualquer, mas o do Reino. Todo Ministério é um serviço, mas nem todo serviço é Ministério, mesmo que seja importante na Comunidade. O serviço Ministerial tem implicância direta na evangelização na ou da Comunidade.

A condição de todos e de cada **Ministério** brota de nossa condição discipular – discípulos de Cristo

–, pois, pela fé e pelo Batismo, que recebemos somos chamados a participar do destino do Reino ou da Igreja, por ser ela sacramento do Reino. Aí já transparece claramente a **sinodalidade**, ou seja, nossa **coparticipação** na vida de Cristo, no anúncio do Evangelho e no exemplo do serviço prestado ao povo de Deus na Comunidade. A **diversidade de Ministérios** nos mostra a grandeza do Reino e a disponibilidade batismal em servir, ao modo de Cristo.

A **Ministerialidade** na Igreja tem também seus desafios, pois é preciso estar servindo no meio de "um mundo", que já não escuta tão bem a voz da Igreja e, consequentemente, a de Cristo. Há êxodos e não muitos êxitos. Assim, se buscamos sucesso, certamente não vamos encontrá-lo no serviço Ministerial. Por isso servir no modo de Cristo é estar disponível para a gratuidade; jamais se podem esperar resultados, pois eles dependem de Deus. Cabe a nós fazermos nossa parte, contando com a graça divina.

Quando encontramos desmotivação no meio dos **cristãos leigos** e também dos **Ministros da Igreja**, precisamos rever a raiz da Igreja-Comunhão, pois, nas horas difíceis, precisamos dar as mãos e olhar com esperança para o futuro. Sim, a sociedade, em seu modo de viver hoje, tem seus paradigmas, suas interrogações e até a crescente cultura da morte, que atinge a todos, até a própria natureza. É certo que Deus não deixa de nos impulsionar para a direção da esperança, da construção do novo, do Reino, que está no meio de nós, por isso não há motivos para desânimos. É necessária uma abertura adequada e equilibrada para continuarmos em nossa missão. Se há caminhos de cruz, é certo que haverá caminhos que nos levam à ressurreição.

Portanto cada dia é um novo horizonte que se abre diante de nós, em que podemos servir com amor e gratuidade, pois foi isso que Jesus fez.

Aliás, Ele tinha sempre uma realidade diante de si, situações adversas das pessoas, situações sociais. Mas estava ali e dava sua resposta, seu alento, seu amor a cada realidade que encontrava. Pastoral hoje é exatamente ser presença junto das pessoas, a exemplo do próprio Cristo. Não podemos ser uma Igreja medrosa, acomodada, fechada, mas sim uma Igreja que vai ao encontro das pessoas. Assim fez Jesus. Assim a Igreja do Concílio Vaticano nos ensina, e o papa Francisco nos pede que sejamos Igreja viva, comprometida, inserida, encarnada. Não é possível seguir outro caminho, mesmo que haja insistências nesse sentido.

Os Ministérios não existem sem a pessoa do cristão. São eles que irão "personalizar" o serviço que será prestado em nome de Cristo. A Igreja nos dá essa condição tão clara para servirmos ao modo de Cristo, e assim dar vida aos Ministérios que a própria Igreja coloca diante de nós. É preciso redescobrir o tesouro escondido, a pérola rara de que nos fala o Evangelho

(Mt 13,44-46). Quem sabe que ali está um tesouro faz todo esforço para encontrá-lo.

Os Ministérios são, portanto, condição *"sine qua non"* na Igreja, na Comunidade, pois aí está toda a vida da evangelização. Os Ministérios nos educam no compromisso com o Reino. Aí estão a vitalidade, o pulsar novo, a vivacidade contagiante de uma Igreja atuante, presente, comprometida na história. Isso é **sinodalidade**, pois juntos, de mãos dadas, construímos o Reino, não obstante seus muitos desafios. Perdemos o medo e a insegurança e nos tornamos cristãos proativos e felizes em sermos servidores na verdade de Cristo.

Como cristãos, somos **portadores** dos dons divinos, chamados à comunhão com Cristo e, iluminados pelo Espírito Santo, colocamo-nos à disposição para servir os irmãos e as irmãs, junto da Igreja. Somos o **Corpo de Cristo** e, a exemplo dele, somos entregues também para a vida do mundo. Vivificar a Igreja por meio dos Ministérios é vivificar o mundo, pois é isso que o Reino espera de nós. Ainda haverá aquela agradável vitalidade missionária que, além do anúncio por meio da ação Ministerial, torna-se sinal e instrumento de vida, de reconciliação, de paz para a Comunidade e para os povos.

Quais são os talentos, os dons escondidos em nossa Comunidade? Será que estamos favorecendo para que eles possam surgir entre nós? Há muitas coisas silenciosas em nossa Comunidade-Igreja. É preciso fazer com que surjam verdadeiros profetas que presenteiem a Comunidade com os bens do Senhor, com os dons que Ele nos concedeu para a edificação de todo o povo de Deus.

Não é possível ser uma Igreja agarrada a estruturas que não favoreçam a vida de comunhão entre os irmãos. Não é concebível em nossos dias uma Igreja que deseja ser mais instituição, em vez de ser povo de Deus, como nos ensina o Concílio Vat. II. Uma Igreja piramidal, com poderes superdefinidos, não é modelo para nosso tempo polêmico. O próprio Cristo vai dizer aos discípulos, aquele dia, diante da multidão faminta: "Dai-lhes vós mesmos de comer" (Mt 14,16). Será que a Igreja-Comunhão deixa de repartir o pão? A piramidal certamente buscaria nos palácios tal solução. A Igreja-Comunhão estende a mão, partilha, socorre, recolhe, traz nova vida. Acho que temos de nos desinstalar... estamos muito parados, acomodados. Ministérios e Sinodalidade são avanço, comprometem-se com a realidade, com a vida. Essa é a Igreja para nossos dias.

E o Sínodo?

O ***Synodos*** nos faz pensar na Aliança que Deus fez com seu povo. Essa Aliança, depois da Aliança definitiva com Jesus, seu Filho, vai se renovando nas iniciativas da Igreja, visando ao bem de todo o povo de Deus e a sua caminhada de pertença ao Reino. Os Ministérios manifestam exatamente a continuidade dessa Aliança de amor de Deus com seu povo. Há lugares que ainda precisam conhecer e reconhecer a importância dos Ministérios, portanto há muito o que se fazer. Triste é a Comunidade ter de pedir auxílio para esta ou aquela Pastoral. O correto seria "sobrar trabalhadores e faltar serviço", em vez de "sobrar serviço e faltar trabalhadores". Cristo fez de nós um povo novo, um "reino de sacerdotes para seu Deus e Pai" (Ap 1,6; 5,9-10). O **Synodos** irá nos perguntar o que nos impede de assumirmos os Ministérios, uma vez que o Batismo nos dá o caráter de servidores do Reino. As exigências que poderão dele recorrer não são exigências, mas obrigações de nosso compromisso batismal. Abracemos as resoluções do **Synodos** sobre o Ministério eclesial.

Rezando como Igreja-Comunhão

— Em nome do Pai † e do Filho e do Espírito Santo.
— **Amém.**
— Senhor Deus, em Cristo vós nos chamais para sermos vossa Igreja viva, marcada pelo serviço, pelos Ministérios, que são dons de vosso Reino entre nós. Fortalecei-nos na Igreja-Comunhão sempre pronta para vos servir com amor e com ardor.
— **Seja nossa vida eclesial carregada de sentido sinodal, de serviço amoroso a favor dos irmãos.**

— Vinde e iluminai-nos, pois estamos vivendo o Sínodo em vossa Igreja e, com ela, vamos caminhar na unidade e na paz.
— **Vinde, Espírito Santo, iluminai nossa mente, nossos pensamentos e nosso coração. Amém.**

— Escutemos o Senhor, pois Ele nos fala por sua Palavra: **1 Coríntios 12,4-11** *(Ler na Bíblia).*
(Permanecer um instante em silêncio, para a meditação pessoal.)
— O que você achou mais bonito nesse texto bíblico que ouvimos? Há muitos dons entre nós? Quais são os dons que destacamos em nossa Comunidade?

— **Somos a Igreja de Cristo** e, vivendo a grandeza de sermos povo da nova e eterna Aliança, o povo novo do Senhor, ergamos as mãos e o coração, em um só louvor, em um só amor. Como Igreja-Comunhão, elevemos ao céu nossa oração.
BEM-AVENTURADOS os que vos buscam sem cessar. — **Em Cristo encontrarão a vida e a paz!**
BEM-AVENTURADOS os que labutam na defesa da vida. — **Em Cristo encontrarão a vida e a paz!**
BEM-AVENTURADOS os que promovem a vida e a justiça. — **Em Cristo encontrarão a vida e a paz!**
BEM-AVENTURADOS os que matam a fome dos famintos. — **Em Cristo encontrarão a vida e a paz!**

BEM-AVENTURADOS os que saciam os sedentos de vida e de paz. — **Em Cristo encontrarão a vida e a paz!**
BEM-AVENTURADOS os que fazem da vida uma entrega de amor. — **Em Cristo encontrarão a vida e a paz!**
BEM-AVENTURADOS quando vos perseguirem por causa da justiça. — **Em Cristo encontrarão a vida e a paz!**
BEM-AVENTURADOS quando vos julgarem indignos por causa da fé. — **Em Cristo encontrarão a vida e a paz!**

— Rezemos a Oração de toda a humanidade, de todos que praticam o bem: **Pai nosso...**
— Rezemos com Maria, modelo de Evangelho e Catequista do povo de Deus: **Ave, Maria...**

— Senhor Deus, não nos deixeis esmorecer diante das muitas dificuldades que encontramos nesta vida, pois temos a certeza de que vós estais a nosso lado e nos amparais com vossa bondade e misericórdia. E, por vossa infinita bondade, derramai sobre nós vossa bênção incomparável.
— **Em nome do Pai † e do Filho e do Espírito Santo. Amém.**
— Continuemos unidos e na paz do Senhor. **Amém.**

8
COM MARIA, MÃE DA IGREJA

A beleza de Deus é infinita e manifestou-se intensamente em Maria. Deus é o Belo eternamente! E Maria correspondeu à vontade divina desde a Anunciação até o alto do Calvário, quando houve a segunda Anunciação, agora não feita pelo Anjo Gabriel, mas por seu próprio Filho Jesus: "Mulher, eis aí teu filho" – "Filho, eis aí tua mãe" (Jo 19,26-27). Dessa hora em diante, Maria foi instituída a Mãe da Igreja, do povo reunido em seu Filho Jesus. Desde então, Maria jamais se separou da Igreja, de seu povo.

Maria ajuda a Igreja a se manter viva na esperança. A multidão que acorre a seus Santuários demonstra claramente esse cuidado maternal que encontramos na Mãe de Jesus. Essa mesma multidão contempla Maria em seus ícones ou suas imagens, lembrando-se sempre daquela que acolheu em primeiro lugar em sua vida a vontade de Deus. Se Maria contempla seus filhos e suas filhas, eles também não se cansam de contemplar a ternura daquela que é a Mãe de todas as gentes.

Maria se põe ao lado de nossas necessidades, como aquele dia em Caná da Galileia, quando socorreu aqueles noivos que estavam em apuros (Jo 2,1-12). Podemos imaginar, sem erro algum, que Maria em muitas outras vezes socorreu os necessitados, acolheu-os em seu amor maternal. Não temos dados históricos, mas sabemos que sua atitude amorosa e maternal não ficou restrita às bodas de Caná da Galileia. Ali está o sentido pleno da missão de Cristo por nós, sua entrega gratuita de amor por nós e para nossa salvação.

Assim sendo, podemos muito nos alegrar, pois ela continua a nos estender sua mão. Isso não é simplesmente uma piedade, mas sim a certeza de que a Mãe de Cristo é verdadeiramente nossa Mãe, "sem ruga e sem mancha, resplandecente de beleza", como rezamos no prefácio eucarístico mariano.

Uma beleza da vida de Maria é seu cuidado com os pobres, e isso certamente o Sínodo irá nos lembrar com propriedade. Mas poderiam perguntar: "*Quando Maria cuidou dos pobres?*" O que fez Maria logo após a anunciação? Foi apressadamente para a Casa de Isabel (Lc 1,39-45). O que fez nas bodas de Caná? Socorreu aqueles pobres noivos. O que fez depois da morte de Cristo na Cruz? Foi para a casa do discípulo (Jo 19,27). Ela é a santa, a imaculada, a escolhida, que soube compreender muito bem seu Filho Jesus, que olhava com mais amor para os mais abandonados, os pobres e os pecadores; guardava em seu coração o ensinamento de Cristo (Lc 2,19).

Maria nos desperta, como Igreja, a viva esperança e as atitudes de serviço, de gratuidade no amor, de entrega generosa a favor do bem, da justiça, da equidade, por isso nos faz ser distintos discípulos de seu Filho Jesus. Assim, os pobres devem "se sentir em casa", estando na Comunidade. A Comunidade que não se preza por amor aos pobres está fadada ao fracasso e à extinção, pois contraria o princípio do Reino, que Cristo estabeleceu entre nós.

Maria nos enriquece, pois a certeza de sua presença solidifica a vida cristã, educa-nos, para que sejamos solidários, fraternos, e nos desperta para que cumpramos a vontade divina em nós. Maria nos faz participar da "sala de catequese", a sala de nossa casa, pois ela é a máxima pedagoga do Evangelho de Cristo. Quanto crescimento nos cristãos e em cada Comunidade com sua presença maternal, pois a Igreja, assim, torna-se verdadeira Mãe acolhendo a nós, o povo da Aliança. Ela nos ensina viver a Igreja-Comunhão, pois ela é a pedagoga dessa escola indispensável em nossa vida cristã.

Não há **Sínodo** sem a pessoa e presença de Maria, pois ela é Mãe da Igreja, assim como não há Igreja sem Maria, pois sem ela não temos Jesus. Cabe a cada cristão reverenciar com gratidão a pessoa de Maria, que nos conduz a Jesus, nosso Salvador. Sua missão continua viva entre nós, e sua presença é evangelizadora, edificadora e defensora da vida. Maria reflete, com louvável brilho, a mensagem de Cristo, a mensagem do Evangelho. Os menores, os pequenos, os desprezados, os que buscam nela a força divina estão na dobra de seu manto, pois ela os protege e os guarda.

Maria nos faz o mesmo convite de Cristo: lançar as redes em águas mais profundas, sendo uma Igreja comprometida, "em saída", como nos pede Francisco, nosso Papa, para podermos voltar carregando os feixes da colheita na evangelização. Maria parece não gostar de uma Igreja parada, acomodada, contente com o que já se fez e sem ousadia para o mais. É triste estar feliz com o menos! É melhor voltarmos cansados e com roupas surradas, porque saímos, do que estarmos bem arrumados, mas acomodados.

Maria nos ajude a mudar nossas atitudes, para que o Reino de Cristo seja vivo, presente, dinâmico e sem receio da adversidade, da pluralidade e das diferenças culturais. Ela é força incomensurável da presença do Reino.

E o Sínodo?

O **Synodos** lembrará de Maria como a Estrela da evangelização em nossos dias. Se aquele dia a estrela guiou os magos do Oriente até o presépio do recém-nascido Menino Deus, ela é a Estrela que nos faz agora sair a proclamar, no meio da cultura de nosso tempo, que o Cristo continua vivo, presente e nos chamando para sermos seu povo amado. Maria nos lança no projeto, na verdade do Reino. Assim, o Sínodo se manifestará a favor da maternidade divina presente em Maria e a colocará como Modelo de Evangelho para o cristão e para aqueles que estão à procura de Deus e o fazem com sinceridade de coração. Maria os ajudará a encontrar seu Filho.

O Documento de Aparecida (CELAM – 2007) nos traz um belo sentimento da pessoa de Maria, como Modelo de Evangelho e de evangelização, e é impossível deixar de inseri-lo aqui:

> A máxima realização da existência cristã como um viver trinitário de "filhos no Filho" nos é dada na Virgem Maria que, através de sua fé (cf. Lc 1,450 e obediência à vontade de Deus (cf. Lc 1,38), assim como por sua constante meditação da Palavra e das ações de Jesus (cf. Lc 2,19.51), é a discípula mais perfeita do Senhor. Interlocutora do Pai em seu projeto de enviar seu verbo ao mundo para a salvação humana, com sua fé, Maria chega a ser o primeiro membro da comunidade dos crentes em Cristo, e também se faz colaboradora no renascimento espiritual dos discípulos. Sua figura de mulher livre e forte emerge do Evangelho conscientemente orientada para o verdadeiro seguimento de Cristo. Ela viveu completamente toda a peregrinação da fé como mãe de Cristo e depois dos discípulos, sem que fosse livrada da incompreensão e da busca constante do projeto do Pai. Alcançou, dessa forma, o fato de estar ao pé da cruz em uma comunhão profunda, para entrar plenamente no mistério da Aliança (Doc. Ap., 266).

A Senhora de Aparecida nos ajude a vivermos o Evangelho de Cristo em nossa pátria, ferida por seus maus administradores, e nos encoraje na fé a ser um povo unido e forte, vencendo as vicissitudes que desejam nos tirar a esperança. Onde está o povo de Deus, estão Maria e seu Filho Jesus, e nada poderá "arranhar", muito menos tirar, a força da esperança.

Rezando como Igreja-Comunhão

— Em nome do Pai † e do Filho e do Espírito Santo.
— **Amém.**
— Senhor Deus, vós, que chamastes Maria para ser a fiel e exímia colaboradora em vossa obra redentora, escutai nossa oração, que a vós dirigimos, como Igreja-Comunhão, pedindo sua proteção para o Sínodo que vem nos fazer caminhar na força da redenção.
— **Seja nossa prece de vosso agrado, pois aqui a fazemos com sinceridade de coração, rezando com Maria, a Mãe do Redentor, vosso Filho e nosso Irmão.**

(Trazer para o coração a oração da Ave-Maria, que nesta hora é conforto e galhardia. Porém só terá valia se for rezada com fé e confiança tão clara como a luz do dia, pois bem assim foi Maria... Nada poderá transformar, se for feito por fazer, só porque não há outro jeito; diferente não posso estar...)

— **AVE, MARIA** = Mãe de minha alegria, Senhora das horas tristes, das incertas, Amor que sustenta e nos alenta nas horas difíceis, nas horas amargas, nas horas em que tudo parece desaparecer de nossos pés, em que perdemos o chão e toda e qualquer firmeza. Sabemos que ali estais com vossas mãos maternas estendidas a nos amparar e a nos sustentar no mesmo caminho que nos conduz a Jesus: Caminho da paz, da esperança e da luz.

— **CHEIA DE GRAÇA** = Sois a Mãe que se põe a caminho, que não hesita dar passos que conduzam ao encontro de quem esteja necessitado. Foi assim logo depois da Anunciação, quando subistes as montanhas de Judá, sem hesitar sequer em algum momento, pois no coração residia apenas o amor que queria ajudar a quem estava precisando de ajuda tão primordial: Isabel, também a santa de Israel, Mãe de João Batista.

— **O SENHOR É CONVOSCO** = Como é belo poder dizer que o Senhor está conosco, está convosco, está aqui, está ali, está no oriente e no ocidente, no leste e no oeste, em todos os lugares. Será que há grandeza maior e mais singela do que saber que não estamos abandonados, que alguém está a nosso lado? Esse alguém não é simplesmente alguém, é o Senhor, Deus amor, Deus da vida, que está junto da humanidade nesta hora ferida, difícil, incerta.

— **BENDITA SOIS VÓS ENTRE AS MULHERES** = Como é grande o coração dos que sabem reconhecer a presença do bem e levantam a voz para dizer que é bendito quem pratica o bem e se põe ao lado dos necessitados. Como são benditos os homens e as mulheres que se dedicam, noite e dia, ao lado dos que precisam de valia, nessa hora tão incerta pela qual passamos todos, a humanidade inteira. São benditos os homens e as mulheres profissionais da vida, a quem chamamos, de modo tão incerto, de profissionais da saúde, que são promotores da vida.

— **BENDITO É O FRUTO DO VOSSO VENTRE** = Eis o mais certo em todos os momentos incertos pelos quais passamos, pois é Ele o fruto bendito do seio de Maria, encarnado no aqui e agora de nosso tempo e de nossa história, para nos resgatar para a vida, para a alegria e para a paz. Bendita seja Maria, a mais humilde Senhora, de Nazaré e dos tempos de agora, que nos trouxe o alento, que não nos deixa perder a esperança e nos faz confiar, com firmeza e certeza, em um futuro que se aproxima de um mundo livre de qualquer pandemia do egoísmo, da ilusão, do dissabor, da ganância e da dominação.

— **SANTA MARIA, MÃE DE DEUS** = Cantam as gentes, os campos, os céus e as montanhas, pois Ele se dignou colocar-se a nossa altura, para nos entregar seu amor, Jesus, seu Filho Redentor. Se assim aconteceu com Maria, a escolhida divina, porque haveremos de temer quando não pudermos tudo resolver só por nós mesmos? É hora de olharmos para além do mar e sabermos que não estamos sozinhos, que há um Deus a caminho, dando conosco os passos de que precisamos para encontrar a saúde e a paz. Santa Maria, Mãe de meu Deus, de meu Senhor, a quem amo todos os dias, faça chuva, frio, suor ou calor, é nele que está minha confiança.

— **ROGAI POR NÓS, PECADORES** = Quanto precisamos de uma mão estendida, quando descobrimos nossa pequenez. Quisemos ser grandes e até dominar o mundo, achamos que tudo podíamos e até nos sentimos absolutos e, de repente, em uma manhã sem precedente, alguém acordou e pôde sentir que tudo não era bem assim, que havia algo que parecia tão impotente, mas que se espalharia pelo mundo. Nada de absolutismos, nada de grandeza ou dominação, pois chegou a hora de sermos irmãos e estendermos a mão, de sermos solidários e esquecermos que sozinhos não podemos nada e que só na união é possível mudar o mundo, mudar o coração.

— **AGORA E NA HORA DE NOSSA MORTE** = É preciso abraçar a morte e jamais dela fugir, pois é preciso morrer tantos egoísmos e tantas vaidades, ilusões de poder e dominação, buscar as maravilhas que ultrapassam todas as fronteiras, alcançam todos os povos e todas as nações e fazem florir os palcos de vida com flores de todas as matizes. É preciso parar o que não nos deixa ser irmão nem permite estender a mão: o egoísmo, a ganância, o poder pelo poder, sentir-se "rei" esquecendo-se de ser irmão. Bem-vinda a Irmã Morte, que nos faz renascer para a liberdade, para a verdadeira vida. A pandemia veio nos alertar que é possível ser diferente, cultivar outros valores, mas que é preciso morrer para renascer.

— **AMÉM** = É o que vamos todos dizer, é o que precisamos dizer aqui, agora, sempre, sem jamais nos esquecer. Amém, eu creio, isto é verdade, é sol a nos iluminar até mesmo no meio da tempestade, nas dificuldades, nas horas em que não sabemos para onde ir. O Amém vai ressoar agora entre nós, e também na eternidade, no dia sem-fim, cheio de luz, que o Senhor fez para mim, para você e toda a humanidade. Bendita seja Maria, bendito seja o Amém que pronunciou em Nazaré, em Cafarnaum, em Jerusalém e agora na hora de nossa humanidade. **Amém.**

— Senhor Deus, a vós nossa gratidão por nos terdes permitido pisar esse chão, tão sagrado, que vós criastes e colocastes em nossas mãos. Obrigado, Senhor, por Maria, a Mãe de Cristo, a Mariama de todas as nações, todos os povos, todas as culturas e todos os rincões. Ela é Mãe de vossa Igreja, pois assim quisestes vosso Filho, dessa Igreja sinodal, que espera a união, vivendo na força do Evangelho, que há de alcançar a vida de cada irmão. Obrigado, Senhor, por todos e pelos muitos que não medem esforços, para que a vida seja, para que o Reino se estabeleça e o mundo já não tenha mais classes ou divisão. Ajudai-nos, Senhor, somos vosso povo e esperamos vossa bênção e proteção.

— **Em nome do Pai † e do Filho e do Espírito Santo. Amém.**

— Continuemos unidos e na paz do Senhor. Continuemos a ser a Igreja-Comunhão, sinodal, caminhando de mãos dadas, na força da união, com José, Maria e Jesus. **Amém.**

Este livro foi composto com as famílias tipográficas Arno Pro, Caesar, Cinzel e Source Sans
e impresso em papel Book Ivory 65g/m² pela **Gráfica Santuário.**